VORLESUNGEN ZUR PHILOSOPHISCHEN PSYCHOLOGIE VON KUNST

Band 7

Das Sagen des Unsagbaren Zur Musikalisierung des Lebens

Skizzen zur philosophischen Psychologie des Unsagbaren

Hinderk M. Emrich

Bibliografische Information der Deutschen Nationalbibliothek:
Die Deutsche Nationalbibliothek verzeichnet diese Publikation in
der Deutschen Nationalbibliografie; detaillierte bibliografische
Daten sind im Internet über http://dnb.dnb.de abrufbar.

© 2015 Hinderk M. Emrich

Illustration: Filmstills als Zitate / Internet

Herstellung und Verlag: BoD – Books on Demand, Norderstedt

ISBN: 978-3-7386-4841-6

INHALTSVERZEICHNIS

Präambel

Irgendwo in einem der möglichen und unmöglichen Universen gibt es einen Felsen. Darauf steht geschrieben in allen denkbaren und unsagbaren Sprachen und Nichtsprachen: „WAHRHEIT DES SEINS". Manche Wesen der vielen Sphären des Seins und des Nichtseins gelingt es tatsächlich durch Phantasie, Leichtsinn – und Ärger über das Leben – in die Nähe des Felsen zu gelangen. Selten ist das wirklich so. Aber die Täuschungen aus Sehnsucht sind auch Wirklichkeiten – und so klopfen die Philosophen und die Dichter – vor allem aber die Musiker mit ihren Taktstöcken und Geigenbögen – jedoch und gottseidank am innigsten die mit den Klängen ihres Gesanges herankommenden Wesen – an diesen möglichen und unfassbaren Solitär an. Und manchmal gelingt es einigen von ihnen wie aus unbestimmbarer Nähe und zugleich Ferne her eine Resonanz zu spüren oder auch sogar zu hören. Und das ist dann der Sinn des Lebens und ein Gottesbeweis.

Vorwort

Über eine gedankliche und sprachliche Erfassung von Unsagbarem in unserem Leben sprechen zu wollen, bedeutet eine enorme Herausforderung, Selbstkritik und Erweiterung des Rationalismus, der hermeneutischen Erfassung von Sprachwelten und der Selbstinterpretation des Menschen im Hinblick auf die Tiefenstrukturen des eigenen Daseins. Daran auch nur zu rühren, ist bereits ein Wagnis, ein Abenteuer.

Das vorliegende Buch stellt eine Zusammenfassung von Versuchen dar, sich diesem Thema von philosophischen, neurobiologischen und künstlerischen Perspektiven aus zu nähern und es in diesem Sinne zu „umkreisen". Dabei zeigt sich, dass gerade philosophisch orientierte bzw. philosophisch relevante Dichtung wie beispielsweise die der „Pindariker", ausgehend von Pindar über Hölderlin hin zu Hugo von Hofmannsthal, Rainer Maria Rilke (in gewissem Sinne auch Franz Kafka und Imre Kertesz) und Ingeborg Bachmann, in dieser Richtung umfassend-Großes geleistet haben und dass andererseits Musikphilosophie, wie sie beispielsweise von Arthur Schopenhauer protagonistisch dargestellt worden ist, in der Lage ist, das schwer fassbare Thema des „Unsagbaren" immerhin zu „beschreiben".

Der vorliegende Band ist eine Synopsis von Vorträgen und Manuskripten zu diesem faszinierenden Bereich unseres Lebens mit dem Ziel, durch eigene Selbstreflexion und Weiterentwicklung derartiger Gedanken diesen Daseinsbereich stärker in unser Bewusstsein zu integrieren und zwar in einer Weise, die mit den Thesen philosophischer Psychologie und analytischer Psychologie (C. G. Jung) verwandt ist.

Der expressionistische Dichter Arno Holz lässt in seinem Drama „Sonnenfinsternis" seinen Protagonisten, den Maler Hollrieder, sagen, es sei „das, was Kunst zu Kunst erst macht – Das... Un *sag*bare, das... Un *nenn*bare, das Unbe *greif*bare... das aus jedem Windhauch weht, das... zarte, entzückend... rätselhafte... immer wieder schillernd wechselnd... lebendige... Zittern der Seele, das... zu tiefst in uns allen Schwingende, das... vom höchsten Genie... noch kaum erst Geahnte, das *Hinter-allen-Dingen*... so *bitter* wir auch darum *ringen*, so *schmerzvoll blutend* wir uns auch *mühen*, so *grausam elend* wir uns auch... *Tag* um *Tag, Stunde* um *Stunde, Sekunde* um *Sekunde*... *ab*placken, *ab*rackern und *ab*marachen... weil sich das *Aller-Aller*letzte... und *Aller-Aller-Aller*eigentlichste... von *uns* aus... *nicht mehr erreichen* läßt?" Der Germanist Wilhelm Emrich, mein Vater, sagt dazu (in: Arno Holz – sein dichterisches Experiment): „Diese Verzweiflung über die Unmöglichkeit, jemals die volle Wahrheit eines Gegenstandes künstlerisch zu erreichen, hielt den Dichter Arno Holz dennoch nicht davon ab, an einen unendlichen, wenn auch unabschließbaren Entwicklungsprozeß der Kunst zu glauben und selber diesen Prozeß unermüdlich voranzutreiben, in der Hoffnung, wenigstens möglichst nahe an eine künstlerisch wahrhaftige Gestaltung zu gelangen."

Sommer 2015

Hinderk Emrich

1. Musikalisierung des Lebens und Synästhesie

Sonntagsmatinee Münchner Volkshochschule „Blackbox", Sonntag den 20.10.02

1.0 Einleitung

Musikalisierung des Lebens: das ist ein absichtlich (wie sollte man sonst erwachen?) ungewöhnlicher, ein eigentümlicher Vortragstitel: „Musikalisierung des Lebens". Was könnte das bedeuten? Ist denn nicht ohnehin unser ganzes Leben ständig musikalisiert? Man kann nicht mehr telefonieren, ohne Musik aufgezwungen zu bekommen, keine Taxifahrt, kein Flughafen, kein Lift und kein Restaurant, keine Bar und kein Kaufhaus ohne Musik – und zwar eine Musik absoluter Beliebigkeit. Was soll da noch musikalisiert werden?

Forscher und Wissenschaftler sind Wesen, die irgendwann in ihrem Leben nicht nur forschen wollen und Tatsachen aufdecken, Theorien erfinden wollen sondern auch Impulse geben, Impulse geben in eine bestimmte Richtung für unser Leben; und in diesem Sinne meine ich, als Wissenschaftler, mit Musikalisierung des Lebens genau das Gegenteil von dem, was ich oben als grausigen Tatbestand der Überflutung mit akustischem Müll dargestellt habe. Musikalisierung kann auch und vor allem Stille bedeuten, die „Pause" bedeuten, das Einzigartige und Besondere, das Nicht-Beliebige.

Wir befinden uns hier auf den Münchner Wissenschaftstagen; und insofern würde es auch Sinn machen, den Titel meines Vortrages zu reformulieren: „Wissenschaft und Musikalisierung des Lebens". Was verstehe ich darunter? Wissenschaft ist ein

Bereich unseres Lebens, der versucht, Unerklärtes zu erklären. Letztlich kommt die Wissenschaft aus der Sehnsucht des Menschen nach Absicherung zustande, nach sicheren Prognosen. Wie kann ich mein Leben so gestalten, dass ich nicht ständig von Schrecklichem überrascht werde, wie dies im Menschen- und Tierreich nur allzu sehr der Fall ist? Wie kann ich zu sicheren Prognosen kommen? Insofern ist Wissenschaft ein Bereich unserer Kultur, der darauf abzielt, kognitive Modelle der Wirklichkeit zu erzeugen, welche beinhalten, dass Menschen nicht ständig von Naturgewalten und anderen Gewalten „überrascht" werden. Dies aber bedeutet, dass Wissenschaft „reduktiv" vorgehen muss: sie reduziert Komplexes auf Einfacheres und Einfacheres auf noch Fundamentaleres. Reduktionismus ist eine „Erklärungsform, die mit dem Phänomen des „Eigentlichen" zu tun hat. Eigentlich ist „Musik nichts anderes als eine Zusammenfügung von Schallwellen". Eigentlich ist Materie nichts anderes als eine Zusammenballung von Atomen, die wiederum eigentlich nichts anderes sind als elektromagnetische Wellen, also gibt es eigentlich Materie gar nicht." Dieses Modell der Welt bedeutet, dass wir letztlich alles in Theorien, in Kognitionen übersetzen können. Wir können Verhalten in Verhaltensbiologie und damit letztlich in darwinistische Mechanismen uminterpretieren. Ich erinnere mich an einen schönen amerikanischen Film, ich glaube es war „Frühstück bei Tiffany", wo ein verliebter junger Unternehmer zur Protagonistin sagt: „Eigentlich gibt es gar keine Liebe, sondern nur Chemie" – eine besondere Art von Kompliment.

Dieser Vortrag handelt von der Frage nach der Übersetzbarkeit von Phänomenen des Lebens in andere Phänomene. Ist es wirklich richtig, dass alles was ist, in Abstraktionen übersetzbar ist? Ist es nicht in Wirklichkeit genau umgekehrt, dass nämlich nichts in irgendetwas anderes übersetzt werden kann? So sagt der englische Philosoph Joseph Butler „Everything is what it is and not an other thing", "Alles ist was es ist und nicht etwas anderes". Dies würde bedeuten: es ist nicht richtig, dass man alles, was in unserem Leben etwas bedeutet, in etwas anderes, einfacheres uminterpretieren und daraus erklären kann. In diesem Sinne wäre der Reduktionismus der Wissenschaft ein scheiterndes Projekt. Die große Dichterin Ingeborg Bachmann spricht von dem „Unsagbaren". Der Filmemacher Andre Tarkowskij spricht in seinem Film „Nostalghia" davon, dass man russische Lyrik nicht in eine andere Sprache übersetzen könne.

Das von mir initiierte Projekt der „Musikalisierung des Lebens" hat genau mit dieser Frage zu tun: gibt es nicht in uns etwas, was letztlich nur durch die Unübersetzbarkeit − z.B. von Musik − metaphorisiert werden kann? Musik ist in merkwürdiger Weise eine geistig-seelische Eigenwelt, die nicht durch eine andere geistig-seelische Welt noch einmal dargestellt werden kann. Die Besonderheit eines Klanges lässt sich nicht dadurch ausdrücken, dass ich ihn versprachliche, verräumliche, verbildliche, etc.

Ingeborg Bachmann war nicht nur Lyrikerin und Dichterin; sie war auch eine große Philosophin und sie hat in vielen Texten immer wieder auf ungelöste Fragen der Philosophie hingewiesen. In diesem Sinne denke ich, dass das, was sie über Musik sagt, einen philosophisch bedeutungsvollen Hintergrund hat. Da führt sie aus: „„Was aber ist Musik? Was ist dieser Klang, der dir Heimweh macht? Wie kommt's, dass du in deinen Todesstunden wieder nach der Nachtigall rufst und dein Fieber wild aus der Kurve springt, damit du sie noch einmal im Baume sehen kannst, auf dem einzigen hellen Zweig in der Finsternis? Und die Nachtigall sagt: „Tränen haben deine Augen vergossen, als ich das erste Mal sang!" So dankt sie dir noch, der du zu danken hast, denn sie vergißt es dir nie."

„Du vernimmst ihr herrliches Wort und trägst ihr dein Herz an dafür. Sie legt es auf ihre Zunge, taucht es ins Naß und schickt es durch das dunkle Tor dem, der es öffnet, entgegen.

Was aber ist diese Musik, die dich freundlich und stark macht an allen Tagen? Wie kommt s, dass du wieder gerne ißt und trinkst wegen ihr und deinen Nächsten zum Freund gewinnst? Und was ist diese Musik, die dich zittern macht und dir den Atem nimmt, als wüßtest du deine Geliebte vor der Tür stehen und hörtest den Schlüssel schon sich drehen?

Was ist sie, über der dein Geist zusammensinkt, ausgebrannt und verascht nach so vielen Feuern, die an ihn gelegt wurden? Was ist dieses Entzücken und dieses Erschrecken, das ihm noch einmal bereitet wird? Der Vorhang brennt, geht auf vor der Stille, und eine menschliche Stimme ertönt: O Freude!

Was ist dieser Akkord, mit dem die wunderliche Musik Ernst macht und dich in die tragische Welt führt, und was ist seine Auflösung, mit der sie dich zurückholt in die Welt heiterer Genüsse? Was ist diese Kadenz, die ins Freie führt?!

Wovon glänzt dein Wesen, wenn die Musik zu Ende geht, und warum rührst du dich nicht? Was hat dich so gebeugt und was hat dich so erhoben?"

Was hier ausgedrückt wird, ist die Radikalität dessen, was es heißt, Subjekt zu sein, in der Innenwelt zu sein. In dem zu sein, was Ingeborg Bachmann das „Innen" nennt. (Sie sagt an einer Stelle in dem Roman „Franza": „Denn es ist das Innen, in dem sich alle Tragödien abspielen.") Diese Radikalität von Subjektivität wurde kürzlich in einer von mir betreuten sog. „Zeitoper" mit dem Titel „Hirnströme" der Staatsoper Hannover deutlich gemacht. Hier wird ein Patient dargestellt, ein Musiker, der plötzlich durch einen Hirnprozess seine Kompetenz, Musik zu erleben, verloren hat: er hat eine „musikalische Agnosie". Er sagt: „Ich habe meine Musik verloren". Die Geschichte beruht auf einer Patientin von mir, die berichtet, dass sie seit einer Aneurysma-Operation im Gehirn Musik lediglich als unangenehmes Geräusch erlebt, „überdimensional laut und furchtbar".

Das Spannungsfeld, in dem sich die Zeitoper „Gehirnströme" bewegt, ist der Reduktionismus, der sagt, Musik ist nichts anderes als eine besondere Form von Nervenzellerregung im Gehirn und der Gegenthese, die zum Schluss der Oper deutlich gemacht wird, dass Musikalität eine seelische Dimension im Menschen beinhaltet, die über die quasi „Hirnströme" hinauswachsen kann. Abb. 1 zeigt ein Standfoto aus der Zeitoper „Gehirnströme" von Burkhard Niggemeier und Susanne Chrudina.

Abb. 1: „Gehirnströme (Still)

2.0 Aisthesis und Synaisthesis – Wahrnehmung und Synästhesie

Wie kommt es, dass Menschen überhaupt etwas wahrnehmen können? Ist Wahrnehmung nichts anderes als Auswertung von

13

Sinnesdaten oder gehört hier noch etwas mehr hinzu? Hierzu hat Immanuel Kant ein Konzept vorgetragen, das mit dem Phänomen des „apriori" zu tun hat. Vor aller Erfahrung gibt es so etwas wie „Wirklichkeitshypothesen", vorgängige Kategorien in uns, von denen aus Wirklichkeit quasi „geordnet" werden kann. Sie sehen das in den ersten beiden Dias hinsichtlich des Unterschiedes zwischen dem „naiven Realismus" und der konstruktivistischen Theorie der vorgängigen Wirklichkeitshypothesen, wie sie beispielsweise auch von dem Psychologen Wolfgang Prinz, München, vertreten wird. „Aisthesis", Wahrnehmung, beruht also auf der Wechselwirkung zwischen Wirklichkeitshypothesen einerseits und Sinnesdatenlagen, die von der Außenwirklichkeit in das Innen von Subjekten transportiert werden, andererseits. Es gibt einige Wahrnehmungsillusionen, anhand derer man die Diskrepanz zwischen Sinnesdatenlagen einerseits und Wirklichkeits-hypothesen andererseits gut sehen kann.

Abb. 2: Darstellung eines Kusses, der nie zum Vollzug gelangen kann.

Abb. 3: Neckerscher Doppelwürfel, der in einer Vielzahl von Varianten wahrgenommen werden kann.
(aus H.M. Emrich, *Psychiatrische Anthropologie*, München 1990)

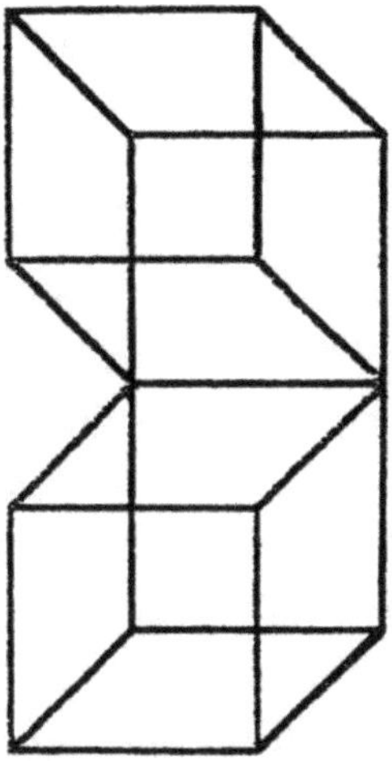

Wenn auf diese Weise relativ klar ist, worum es sich bei der „Aisthesis" handelt, dann stellt sich die Frage nach der „Synaisthesis", der Synästhesie. Was ist hierunter zu verstehen? Synästhesie ist eine für alle Menschen, die erstmals damit konfrontiert werden, frappierende, ungewöhnliche und beeindruckende Erscheinung der Vermischung von Sinnesqualitäten; beeindruckend deshalb, weil - in ähnlicher Weise wie bei der Wahrnehmung von Illusionen - man sich hierbei des eigenweltlichen, subjektiven Charakters der Wahrnehmung, in gewissem Sinne sogar des hermetischen Charakters von subjektiver Wahrnehmung deutlich bewusst wird. Synästhesie wird auch als „Vermischung der Sinne" bezeichnet. Darunter versteht man, dass bei Stimulation einer Sinnesqualität beispielsweise des Hörens oder des Riechens es in einer anderen Sinnesqualität wie z.B. dem Sehen von Farben oder von geometrischen Figuren zu einer Sinneswahrnehmung kommt. Am häufigsten ist dabei das sogenannte farbige Hören - auch als Farbenhören, als „Audition coloreé", „coloured hearing" bezeichnet - wobei typischerweise Geräusche, Musik, Stimmen und ausgesprochene Buchstaben und Zahlen zur Wahrnehmung bewegter Farben und Formen führen, die in die Außenwelt bzw. auch in das Kopfinnere projiziert werden. Auf einem „inneren Monitor", der allerdings keine räumliche Begrenzung aufweist, erscheinen dann häufig vorbeilaufende farbige Strukturen, Kugeln bzw. langgestreckte vorüberziehende 3-dimensionale Gebilde mit charakteristischen Oberflächen, beispielsweise samtigen, glitzernden oder auch gläsernen bzw. metallischen Oberflächen, deren Charakter bei den sog. „genuinen Synästhetikern" in einem direkten korrelativen Verhältnis zu den akustisch wahrgenommenen Sinneseindrücken steht.

Abb. 4: Synästhetische visuelle Wahrnehmung des Wortes „Süß". Aquarell von Insa Schulz

Berühmt geworden ist ein Proband des amerikanischen Neuropsychologen Cytowic, der anlässlich einer Party dadurch auffiel, dass er einen geschmacklichen Sinneseindruck in geometrischen Strukturen beschrieb. Die Nachfrage des interessiert aufhorchenden Neuropsychologen ergab, dass dieser Proband eine sehr differenzierte geometrische Geschmacks/Geruchs-Synästhesie aufwies. Er konnte reproduzierbar sehr präzise geometrische Figuren beschreiben, die bestimmte Geschmacksstoffe wie Hähnchengeschmack, und andere komplexe Geschmacks-Geruchs- Kombinationen darstellten. Besonders selten sind Probanden, bei denen Gerüche als Farben wahrgenommen werden oder Wörter zu Geschmacksempfindungen führen. Zweifellos am häufigsten ist die Ton-Farbe-Synästhesie, wobei aber auch das gelesene oder sogar das nur gedachte Wort bzw. der Buchstabe oder die Zahl, das damit quasi fest verbundene synästhetische Farberlebnis bzw. das Erlebnis geformter Farbe auslöst. Charakteristisch hierbei ist in der Biographie der Synästhetiker ein frühes Erlebnis von so etwas wie „Einsamkeit", nämlich die Entdeckung, dass es eine private Wahrnehmungswelt gibt, die andere Menschen nicht haben, andere Menschen nicht kennen und über die man sich nicht verständigen kann, ja über die man am besten nicht spricht, sie geheim hält.

Eine Probandin berichtet: „Es ist eigentlich so, dass ich früher mal davon ausgegangen bin, dass das jeder hat. Und als ich das irgendwann mal gesagt habe, ja, das ist ja klar, das Wort mag ich nicht, weil das hat die und die Farbe und die Farbe mag ich nicht und dann hat meine Freundin erst mal losgelacht und dann machten sie sich eigentlich mehr oder weniger einen Witz daraus und dann sollte ich alle Namen sagen, welche Farben dann die Namen haben und so, also es wissen sehr viele ...".

Synästhesie hat offensichtlich einen konstitutionellen Hintergrund, denn einerseits ist das Geschlechterverhältnis etwa 7:1 zugunsten der Frauen, zum anderen gibt es familiäre Häufungen von bis zu 3 Synästhesieprobanden in einer Familie über 3 Generationen hinweg, weshalb vermutet wird, dass es sich um einen X-Geschlechtschromosomen-bezogenen Erbgang bei der Auslösung des Phänomens handeln könnte.

Bei der Untersuchung einer großen Anzahl von Synästhetikern - vorwiegend Synästhetikerinnen - die sich aufgrund von Presseberichten zu Untersuchungen gemeldet hatten, stellte meine Arbeitsgruppe in Hannover nun fest, dass es offenbar eine Randgruppe von Probanden gibt, die nicht das charakteristische feste Verhältnis zwischen Farbwahrnehmungen bzw. geformten Farbwahrnehmungen und dem semantischen Gehalt des Gehörten, bzw. auch Gelesenen, aufwiesen, sondern bei denen vielmehr ein lockeres, eher assoziatives Verhältnis zwischen den inneren Bildern und musikalischen und anderen akustischen Erlebnissen vorhanden war. Während diese Probanden üblicherweise von der weiteren Untersuchung ausgeschlossen werden, wurden sie hier als eine Art zweite Kontrollgruppe bzw. Referenzgruppe mit untersucht. Dabei zeigte dann aber gerade die Gruppe der als Randgruppen-Synästhetiker bzw. auch als „metaphorische Synästhetiker" zu bezeichnenden Personen besonders interessante Eigenschaften, die zu der Hypothese Anlass gaben, diese sog. „Gefühls-Synästhetiker" bildeten möglicherweise auf dem zweiten inneren Bildschirm nicht den semantischen Gehalt aus einem anderen Sinneskanal ab sondern vielmehr die dabei mitlaufenden emotionellen Gefühlszustände, deren Variabilität und mangelnde Reproduzierbarkeit aber die

Untersuchung erheblich erschwert. Eine - zumindest partielle - Legitimation, die metaphorischen Synästhetiker nicht aus der Untersuchung völlig auszuschließen ergab sich dann insbesondere dadurch, dass gefunden wurde, dass eine Subgruppe von Probanden existiert, die eindeutig beiden Kategorien zuzuordnen sind, die also sowohl genuin-synästhetische Eigenschaften als auch gefühls-synästhetische Eigenschaften zeigten.

Die Synästhesieeigenschaft ist grundsätzlich nichts krankhaftes, nicht pathologisch. Eher scheint es so zu sein, dass Menschen, die zur Synästhesie fähig sind, hieraus kognitive und emotionale Vorteile ziehen können, wie die bei Herrn S.., dem Gedächtniskünstler bereits deutlich wurde.

In diesem Sinne lässt sich sagen, dass die Synästhesieeigenschaft, außer wenn sie aufgrund von Drogen (LSD, Psylocibin) oder bei Schizophrenie (selten!) auftritt, auf keinen Fall als „pathologisch" zu werten ist. Es gibt einige Hinweise darauf, dass eine negative Korrelation mit mathematischer Begabung auftreten kann. Dies könnte aber damit zu tun haben, dass in einigen Fällen die Synästhesie dazu führt, dass ständig Zahlen verwechselt werden, weil sich der Farbton gegenüber der Zahlensymbolik behauptet. Andererseits finden sich aber auch Hinweise darauf, dass die Synästhesiebegabung berufliche Vorteile bringt, wie beispielsweise bei dem von Lurija untersuchten Gedächtniskünstler. So berichtet eine Probandin auf die Frage, ob die Synästhesie auch beruflich für sie von Vorteil sei: „Ja, ganz entschieden. Also es hilft unheimlich bei der Rechtschreibung und man kann sich viel besser Zahlen und Telefonnummern merken. . . wenn ich mir einen Namen z.B. merken soll, dann habe ich normalerweise sagen wir mal die Farbschattierungen, die die Buchstaben hervorrufen, die habe ich als erstes im Kopf. Und anhand dieser Farbschattierungen wird der Name dann sozusagen zusammengesammelt. Das kann leider manchmal auch zu peinlichen Irrtümern führen, weil einige Buchstaben doch recht ähnliche Farben haben. Und da habe ich irgendwann man behauptet, es hätte jemand angerufen, dessen Name müsste unbedingt mit U anfangen, weil U bei mir einen bestimmten Grünton symbolisiert. Er fing aber mit H an, weil H einen sehr ähnlichen aber etwas anderen Grünton hat. Also kann man dabei auch ein bisschen reinfallen, aber im Großen und Ganzen funktioniert es sehr gut. Und es hilft also sehr gut bei der Rechtschreibung. Ich sortiere das nicht nach Lauten sondern nach Buchstaben. Ich weiß nicht warum. Wenn also ein Wort mit ai geschrieben wird wie z.B. das Wort Main, der Fluss, dann hat das eine ganz andere Farbqualität als „mein" als Possesivpronomen. Das sieht ganz anders aus, das kann man überhaupt nicht verwechseln. Ebenso Wörter die mit f oder mit ph geschrieben werden, das sind völlig verschiedene Farben, das kann man nicht durcheinander bringen. Wenn man das Wort einmal richtig geschrieben gesehen hat, dann kann man es danach eigentlich nicht mehr falsch machen, wenn man die Farben richtig im Kopf hat. Das ordnet sich von selber zu ... das macht sich auch bei Fremdsprachen bemerkbar. Die Rechtschreibung in den Fremdsprachen kann ja manchmal ganz anders sein als die Lautung. Und dadurch, dass ich mir das nicht anhand der Laute merke sondern anhand der Buchstaben macht man da viel viel weniger Fehler."

2.1 Imagination und Synästhesie

Wesentlich für ein Verständnis imaginativer Phänomene ist das Konzept, dass Sinneswahrnehmung als solche konstruktiv ist, einen wirklichkeit(s)-erzeugenden Aspekt hat, also *nicht* darin aufgeht, „Abbildung" von Außenrealität zu sein. In der Verdeutlichung dieses Aspekts – gegen den vor allem angloamerikanischen traditionellen Sensualismus – liegt die Bedeutung des Konstruktivismus, beispielsweise bei Maturana, Varela, Luhmann, von Glasersfeld und anderen.

Dabei – beim konstruktivistischen Generieren von momentaner "Wirklichkeit" – werden nun aber nicht nur je neue Aspekte erzeugt, um komplexe Sinnesdaten-Lagen (Konstellationen von sensualistischen "patterns") auszudeuten; es werden vielmehr im Sinne einer Theorie der Kreativität auch überhaupt *neue* Wirklichkeitsmodelle erzeugt, es werden neue Wirklichkeiten *erfunden*; Watzlawick spricht in diesem Zusammenhang von der "erfundenen Wirklichkeit".

Im Hinblick auf die Synästhesieforschungen sind nun zwei Fragen von Interesse:

1. Wie entsteht die innere Einheitlichkeit des Bewusstseins? Hier sind Probleme der sogenannten "intermodalen und intramodalen Integration" zu bewältigen.
2. Wie wird das Wahrnehmen eines Objekts mit dem stets mitlaufenden Gefühlston korreliert?
Diese beiden Fragen lassen sich anhand eines Hirnmodells schematisch erläutern (Abb.5)

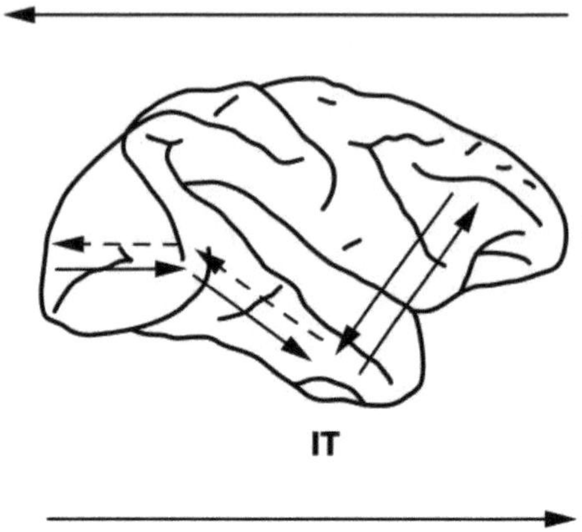

TOP DOWN (ACTIVE)

PREFRONTAL

IT

BOTTOM UP (PASSIVE)

Abb. 5: Schema der Richtungen in Top-down-Prozessen und Bottom-up-Prozessen im Zentralnervensystem (nach Desimone u. a. 1995)

Unter Synästhesie versteht man, wie gesagt, das Phänomen, dass eine Sinnesqualität, wie z.B. das Hören eines Wortes, einer Zahl, eines Tones noch auf eine andere Sinnesqualität, wie das Sehen einer Farbe, quasi überspringt, bzw. darin noch einmal, d.h. doppelt repräsentiert ist. Interessanterweise berichten die Synästhetiker, dass die Einheit des Bewusstseins, die Einheitlichkeit des Objektes, hierdurch nicht verletzt ist, d.h. die beiden Sinnesqualitäten werden intermodal vollständig integriert. Dies ist neurobiologisch interessant, weil man versuchen kann, an diesem quasi natürlicherweise zusätzlich auftretenden Bewusstseinsphänomen den neurobiologischen Mechanismus der Bewusstseinsintegration, d.h. der Erzeugung der Einheitlichkeit des Bewusstseins, aufzuklären.

22

2.2 Reine Wahrnehmungssynästhesie (genuine Synästhesie)

Aus dem vielfältigen und reichhaltigen Material, da wir in Interviews über genuine Synästhetiker gesammelt haben, möchte ich zu Beginn einige Beispiele vortragen: So berichtet beispielsweise Frau U.M.: „Also es ist wirklich so, wenn mir einer eine Telefonnummer nennt, dass ich die Zahlen sehe, also ich kann sagen, meine Telefonnummer, ich sehe sie in den Zahlen und in den Farben gleichzeitig. Und so ist das bei allem, auch meistens bei den Buchstaben. Ja da muss ich jetzt direkt überlegen, eigentlich kommt die Zahl so wie sie gedruckt ist auch in der Farbe, also ich sehe sie zwar in schwarz, grün oder rot aufs Papier gedruckt aber in meinem Kopf ist sie so in der Umrandung wie die Zahl ist auch in der Farbe. Die 3 ist bei mir hellblau und die 3 ist nicht als Block oder als Strich sondern so, wie die 3 geschrieben ist in der Farbe kommt sie dann auch. Ich irre mich oft, und zwar deswegen, weil ich die 4 und die 7, die sind bei mir beide gelb, die 4 ist ein bisschen orangegelb, die 7 ein bisschen heller gelb, das sind genaue Farbunterschiede und diese Farben, wenn ich jetzt z.B. eine Zahl habe, eine Telefonnummer oder irgendeine mathematische Ziffer, die also 4 und 7 beinhaltet, dann kann es sein, dass ich vertausche und statt der 7 eine 4 schreibe und dann kommen halt falsche Resultate oder auch die falsche Telefonnummer. Ich habe mich oft verwählt. Also ich muss sagen, dass ich gemerkt habe, dass ich durch diese Farben in der Mathematik gestört bin, weil ich dauernd Fehler gemacht habe, auch früher in meinen Schularbeiten und ich glaube, das vor einigen Jahren daher gefunden zu haben, dass ich eben die 4 und die 7 vertausche und dass ich also unerklärliche Flüchtigkeitsfehler gemacht habe, die ich glaube daran liegen, dass ich mehr die Farben gesehen habe als die Zahlen."

Eine interessante Untersuchung hinsichtlich der musikalischen Farbe-Ton-Synästhesie wurde kürzlich publiziert, die einen direkten Bezug zum Problem der Erinnerung aufweist: es wurde gefunden, dass Probanden, die feste Korrelationen zwischen Farberlebnissen und musikalischen Klangeindrücken aufwiesen für neuartige Klänge, die sie noch nie gehört hatten, auch noch keine quasi „geprägten" visuellen Erlebnisse hatten. Man konnte aber in Konditionierungsexperimenten bestimmte Farbeindrücke mit diesen neuartigen Klängen koppeln. Es zeigte sich dann, dass die auf diese Weise erzeugten fixen Kombinationen von den genuinen Farbe-Ton-Synästhetikern über lange Zeit stabil festgehalten werden konnten, während Vergleichsprobanden ohne Synästhesieeigenschaften diese Zuordnungen nicht erinnern konnten. Ähnliche Versuche werden derzeit in meiner Abteilung bei der Farb-Symbol-Synästhesie durchgeführt.

Als Beispiel eines Farbe-Ton-Synästhetikers zitiere ich Auszüge aus einem Interview mit Herrn Waldeck, einem Synästhetiker, der durch die Farbe-Ton-Synästhesie zum Künstler wurde. Die „Entdeckung" seiner Synästhesieeigenschaft verdankt er einem aufmerksamen Musiklehrer in der 12. Klasse. „Der Mitschüler fand diese Musik sehr ungewöhnlich und hat dann diese Musik mitgebracht. Das war sehr ruhige Musik, schwebende Musik, also es war keine Melodiefolge, einfach mehr so Tonfolgen, die in einem gewissen Rhythmus verliefen. Und er fragte nach unserem Eindruck, die meisten sagten ja alle Weite, Ruhe, Landschaft, sich in Wolken befinden und ich sagte, weil ich es so empfand, grün. Da guckte er, grün? Ja, so ein grüner Bogen, der geht von da durchs Klassenzimmer, an der Tafel vorbei, schräg nach unten zu dem Fenster hin. Alle guckten und lachten. Und da sagte er, das ist ja interessant, das ist Farben hören. Farben hören, was ist das denn? Ja machen sie gleich mal ein Referat

24

darüber." Aufgrund der Synästhesiefähigkeit wurde Herr Waldeck Maler (Abb. 6), wobei seine Bilder auch in Ausstellungen gezeigt werden.

Abb. 6

Darüber hinaus besteht aber auch eine genuine Farben/Zahl-Synästhesie: „Also bei Zahlen habe ich das erst beim Nachdenken feststellen können, dass, wenn ich die Zahl 13 höre, ich ein hellblaues Empfinden habe. Habe mir aber weiter nie Gedanken gemacht, bis ich den Artikel gelesen habe in der HAZ, da ist mir erst aufgefallen, dass die 4 rot ist und die 3 blau, die 1 hat einen weißlichen Ton und die 10 hat auch einen weißlichen Ton, die 2 ist grün, 8 ist schwarz, 9 einen orangenen, die 7 einen gelblichen Charakter, 6 ist braun und 5 einen grünlich braunen Charakter. Wenn ich die Zahlen kombiniere, dann entstehen Mischungen. Also 24 wäre eine Mischung zwischen grün und rot." Herr Waldeck hat nun aber nicht nur derartige

Empfindungen wahrgenommen sondern auch versucht, sie zu dokumentieren. Ich gebe ihnen zuerst ein Beispiel, wie er versucht, an einem einfachen Musikstück von Satie seine Farbempfindungen darzustellen (Abb. 7).

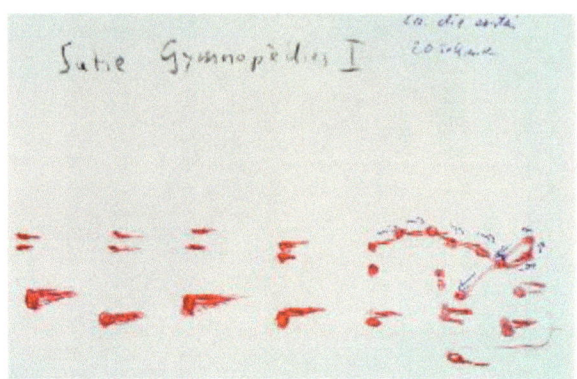

Abb. 7

Ein weiteres Beispiel ist Mozarts Klarinettenkonzert (Abb. 8).

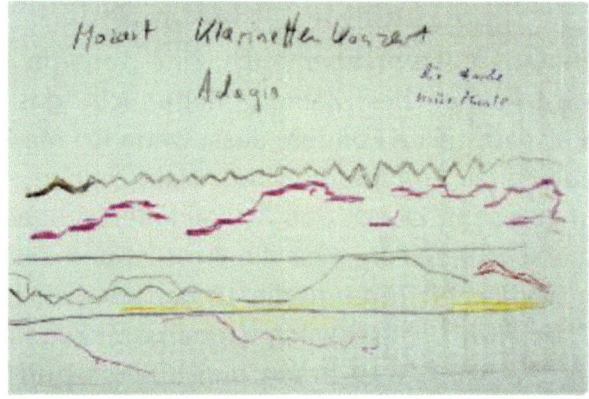

Abb. 8

Das Synästhesiephänomen hat, wie gesagt, möglicherweise eine wesentliche Bedeutung für das Verständnis der Entstehung von so etwas wie „Einheitlichkeit von Bewusstsein", der Behandlung der Frage nach der intermodalen Integration. Dass Menschen sich aus den vielfältigen, gelegentlich sogar in sich widersprüchlichen Sinneseindrücken ein einheitliches Wirklichkeitsbild und Objektbild erzeugen können, ist bereits in Immanuel Kants Forderung in der „Kritik der reinen Vernunft" angesprochen, wo es heißt: „Der ich-denke-Gedanke muß alle meine Vorstellungen begleiten können." Die einheitsstiftende Macht des subjektiven cogito generiert, in moderner psychologischer Sprache gesprochen, ein internes „mitlaufendes Wirklichkeitsmodell", innerhalb dessen das Objekt unter Einschluss widersprüchlicher Aspekte zu einem geschlossenen Ganzen als synthetischer Einheit verschmolzen wird, wozu auch der „mitlaufende Gefühlston" hinzugehört. Dabei werden alle Teilaspekte der Wahrnehmung des Fühlens und des Denkens in der Weise integriert, dass der Eindruck der Einheitlichkeit entsteht: wenn ich ein Kind sehe mit einem roten Schal, dann ist es ja eben nicht so, dass ich mir vergegenwärtigen muss, da ist jemand, der ist ein Kind, mit einem Schal, und außerdem ist dieser auch noch rot, sondern man sieht dies als „synthetische Einheit". Über die Neurobiologie der Entstehung dieser intermodalen Integration gibt es derzeit eine Reihe aufregender neurobiologischer Thesen, deren Überprüfung sich aber als außerordentlich schwierig erweist. Hier könnte nun die Synästhesie insofern ein aufregendes neues Forschungsfeld darstellen, als Synästhetiker offenbar an einer üblicherweise nicht auftretenden und nicht von der Wahrnehmung vorgesehenen Stelle der „Sinnesverschmelzung" eine intermodale Integration erzeugen. Sie berichten nämlich einheitlich, dass das Farberlebnis bzw. das Erlebnis der geformten Farbe von dem Wahrnehmungsakt von dem semantischen Gehalt des im Primärkanal angestoßenen Sinneswahrnehmungserlebnisses völlig unabtrennbar sei; mit anderen Worten: das Farberlebnis 4 und das Denken, Lesen oder Hören der 4 ist miteinander auf unabtrennbare Weise im Sinne einer intermodalen Integration bzw. intermodalen Synthesis verbunden. D.h.: eine Aufklärung des Mechanismus von synästhetischer Wahrnehmung könnte zugleich ein Paradigma sein für die Aufklärung des neurobiologischen Mechanismus der intermodalen Integration.

Welche Vorstellungen gibt es nun darüber, auf welche Weise neurobiologisch Synästhesiewahrnehmungen zustande kommen? Als Erklärungen werden derzeit vorgeschlagen:

1. Eine abnormale Erregung „cross talk" zwischen assoziativen kortikalen Arealen,
2. Eine normale aber in der Intensität gesteigerte assoziative Erregung kortikaler Areale,
3. Eine abnorme Steigerung limbischer Erregungen und damit von Emotionsstrukturen durch den Synästhesie-auslösenden Stimulus.

Um in dieser Frage weiter zu kommen, wurde kürzlich von einer italienisch/englischen Arbeitsgruppe in Mailand und London eine Untersuchung unter Verwendung der Positronen-Emmissions-Tomographie durchgeführt. Bei 6 Synästhetikerinnen mit „coloured hearing" und 6 Kontrollprobandinnen wurde Synästhesie durch die Stimulation mit gesprochenen Wörtern ausgelöst. Dabei zeigte sich in der Positronen-Emmissions-Tomographie keine Aktivation der primären Sehrinde (V1) im

Okzipitalpol des Gehirns, wohl aber eine Aktivierung der linken posterioren inferioren Temporalregion sowie im Bereich des rechten präfrontalen Kortex, der Insula und des oberen Temporallappens.

Diese Ergebnisse stehen in einem gewissen Widerspruch zu früher erhobenen Befunden von Cytowic, die allerdings mit schwächer auflösenden bildgebenden Verfahren (Xenon-Methode) durchgeführt wurden, bei denen eine Aktivierung limbischer Strukturen bei „coloured hearing" beobachtet wurde. (Allerdings ist noch zu diskutieren, inwieweit die im PET beschriebenen Aktivierungen einen direkten limbischen Bezug aufweisen).

Im zweiten Teil des Referates möchte ich nun zu der möglichen Bedeutung von Randgruppen-Synästhetikern bzw. Gefühls-Synästhetikern für die neurobiologische Forschung im Hinblick auf das Erinnern etwas sagen.

2.3 Zur „Gefühls-Synästhesie"/metaphorischen Synästhesie

Was ich nun vorzutragen habe, könnte man leicht abtun als reine Assoziationspsychologie bzw. als einen Beitrag zur Imaginationsforschung, der mit Synästhesie im eigentlichen Sinne nichts zu tun habe; andererseits aber könnte es sich zeigen, dass es sich hier um ein besonders interessantes Paradigma psychologischer Forschung handelt, weil es um die Erforschung von Singularitäten geht, um die Untersuchung des Einmaligen, des Einzelnen und Besonderen und zwar im Hinblick auf eine Forschungsthematik der Gefühlspsychologie. Worum also geht es?

Wenn in der Öffentlichkeit, in Rundfunk, Presse, Fernsehen Hinweise auf das Phänomen der Synästhesie gegeben werden, so fühlen sich immer auch teilweise Menschen angesprochen, die ausgeprägte bildhafte geometrische und farbige Erlebnisse haben, beispielsweise beim Anhören von Musik, in Meditationen, in Ausnahmesituationen ihres Lebens etc. Wie Cytowic berichtet, werden üblicherweise diese Probanden aus den Synästhesiestudien herausgenommen. So berichten beispielsweise die Autoren der oben referierten italienisch/englischen Studie über metaphorische Beschreibungen beispielsweise von Dvoráks „Symphonie aus der neuen Welt" als eine besonderer Form der „Grünheit" oder bestimmte Literatur als „Violetthaft" und schließen die Probanden von der Untersuchung aus. Nach unseren Erfahrungen ist diese Unterscheidung aber nicht immer so sicher durchzuführen. So ist ja beispielsweise auch bei dem Komponisten Skrijabin unklar, inwieweit echte Synästhesie, Randgruppen-Synästhesie oder lediglich eine assoziativ-imaginative Leistung vorlag. So berichtet eine Probandin, für sie seien die Zahlen, wenn sie im Alltag auftreten, immer mit Farben verbunden, wobei sie diese Farben aber nicht von mitlaufenden Emotionen abtrennen kann: „Es haben nicht alle Zahlen Farben, aber es haben ein paar Farben ganz deutlich für mich Zahlen. Und ich habe jetzt darüber nachgedacht: keine einzige dieser Farben, die ich in den Zahlen sehe, ist eine Farbe, die ich besonders mag. Also es ist, gelb ist die 4, richtig schönes normales gelb, das würden die Leute sagen sonnengelb, wunderbar, ist doch positiv, ist eine Farbe, die mich nicht anspricht. Meine Lieblingsfarbe blau ist die 7 aber leider nicht in schöner Farbe sondern in Vergißmeinnichtblau. Mag ich auch nicht so gern. Ist auch ein Anbiederblau. Und dann habe ich lange gerätselt . . . welches ist nun eigentlich rot und welches grün, weil sich das immer vermischt bei mir, ich glaube inzwischen ziemlich sicher, das grün ist die 5 und rot ist die 8. Und beides in Hochfarbe, richtig knallgrün . . . ist eine Farbe, die ich überhaupt nicht mag. Mag ich nicht, ist mir zu aufdringlich." Gleichzeitig treten bei dieser Probandin Farberlebnisse bei Musik auf. „Ich möchte also mehr mich in die Musik fallen lassen, dann ist Musik für mich in den tieferen Tönen und das ist auch sehr schön verbunden mit kalten Farben wie grün und blau, ganz egal, das kann auch so ein bisschen wie indifferent sein, wie verschleiert. . . In den Formen, in den Abgrenzungen mag ich Klarheit sehr gern, aber wenn ich das mit Musik zusammen sehe, dann finde ich alle diese Erdtöne und so schön, so Brauntöne und braungrau ist für mich eine Farbe, da könnte ich mir also wenn man sich vorstellt, man mischt schwarz und weiß und tut da braun rein das gibt also eine dreckige Farbe wo die meisten Leute sagen I gitt, I gitt, also in eine solche Farbe könnte ich mich theoretisch reinsetzen und das toll finden. Und wenn Musik in diesem Bereich ist, dass ich so etwas dann fühle, das ist wie wenn ich mich in so braun setze, finde ich schon toll. Aber nicht abrufbar. Ich kann nicht in ein Konzert gehen und sagen jetzt habe ich das und das . . . das ist ganz unterschiedlich."

Auf die Frage der Bewertung von Farben sagt sie: „Also zu 99,9 % ist es positiv. Das ist so schön. Also wenn manche so verbiestert sind, wenn die manchmal sehen würden, wovon sie dann umgeben sind, die würden sich alle nicht mehr zanken." Sie berichtet auch, dass sie durch diese Erlebnisse mehr innere Sicherheit, Angstfreiheit bekomme. Es komme auch zu starken musikalischen Erlebnissen hierbei in verschiedenen Farben und Lichtern und manchmal erstrahlten in bestimmten Situationen Menschen in besonderen farbigen Lichtern, was dann eine besondere Bedeutung habe. Dieser Probandin gelingt es seit einiger Zeit, die farbigen Bilder, die sich in bestimmten

Situationen einstellen äußerlich in Farbzeichnungen zu dokumentieren. Sie schreibt hierzu: „Bevor ich etwas von Synästhesie wusste, habe ich zwar auch immer meine Bilder mit großer Freude betrachtet. Habe mit ihnen und in ihnen gelebt. Hatte aber im Hinterkopf so einen Anflug von schlechtem Gewissen: durfte ich doppelte Freude - z.B. Musikhören und Sehen - erleben? Ich kam mir vor wie jemand, der dauernd etwas Unerlaubtes mit großem Vergnügen tut. Das alles ist mir aber erst in der letzten Zeit so richtig klar geworden. Denn jetzt erlebe ich alles noch viel bewusster und ohne schlechtes Gewissen. Im Bewusstsein, es ist Synästhesie, fühle ich mich innerlich gefestigt, gestärkt. Ich habe das Empfinden, aufrechter zu gehen und fühle mich dabei wunderbar leicht und locker, sehr sehr frei. Dabei allein in einer unendlichen grenzenlosen Weite. . . Es ist ein wunderbares Gefühl. Und dabei genieße ich alles ganz bewusst. Mehr noch, ich lasse mich auch völlig darauf ein. Bin erwartungsvoll gespannt, was auf mich zukommt. Es ist ein wunderschönes Leben. Um zu verdeutlichen, was ich meine, habe ich ihnen zwei Geschehnisse mit Bildern beigelegt. Es ist schwer, für diese Gefühle und Empfindungen immer die richtigen Worte zu finden." Die Probandin erläutert Situationen, die zu bestimmten äußerlich repräsentierten inneren Bildern geführt haben, wie beispielsweise das Erlebnis eines gregorianischen Chorals in einer Kirche bzw. das Erlebnis bei einer Meditation (Abb. 9, 10, 11).

Abb. 9: Hören eines gregorianischen Chorals

Abb. 10: Repräsentation eines inneren synästhetischen dreidimensionalen Objekts, das über den inneren Monitor hinwegfährt.

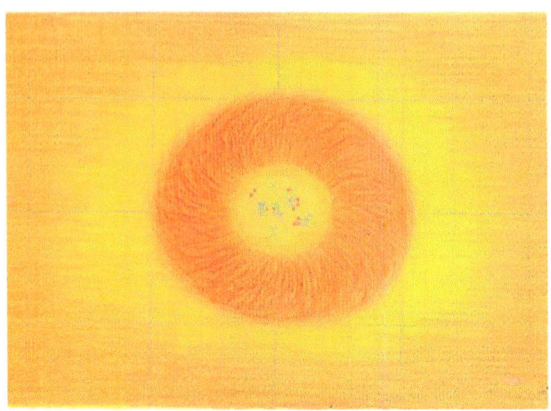

Abb. 11: Empfindung während einer Meditation

In der angloamerikanischen Psychologie ist neuerdings ein Begriff aufgetaucht, der für die Emotionspsychologie eine ähnliche Bedeutung haben könnte, wie für die kognitive Psychologie der Begriff des mitlaufenden Weltmodells, nämlich der Begriff des „metamood". Hierunter ist die Fähigkeit von Subjekten zu verstehen, Gefühle nicht einfach nur zu haben, sondern sie in einem inneren Gefühlsschema noch einmal zu repräsentieren, sie sich vergegenwärtigen zu können und damit sich noch einmal zu ihnen zu verhalten, sie zu modifizieren, abzulehnen, abzuwandeln, zu verstärken bzw. den Kontakt zu ihnen zu intensivieren. Die zuletzt dargestellten Beispiele können als Erscheinungsformen von „metamood" interpretiert werden, Gefühlssynästhesie wäre damit eine Form der Generierung von „metamood". In der Tat zeigen die von uns bisher untersuchten Probandinnen mit Randgruppen-Synästhesie-Eigenschaften erstaunliche psychologische Besonderheiten: sie zeigen eine besondere innere Festigkeit, Angstfreiheit und geradezu imposante Konsistenz und innere Verankerung der

Persönlichkeit, verbunden mit einem offensichtlich intensiven Selbstverhältnis, einer hochentwickelten Fähigkeit zum Kontakt mit dem eigenen Selbst. So sagte eine derartige Synästhetikerin: „Das normale Leben ist eine Ablenkung von dem, was ich eigentlich lebe." Anders gesprochen: ihr eigentliches Seinsverhältnis ist ein Innenverhältnis. Auffallend häufig findet man bei Gefühls-Synästhetikerinnen mediale Eigenschaften, Fähigkeit zum Wahrtraum bis hin zur Telepathie und Hellseherei. Dies sind Eigenschaften, wie sie C.G. Jung in seinen Arbeiten über akausale Zusammenhänge beschrieben hat. Bei üblichen naturwissenschaftlichen Betrachtungen können derartige Phänomene nicht erforscht werden, da sie Einmaligkeitscharakter haben: niemals ist ein Gefühlszustand genau derselbe wie vorher oder nachher. Wenn also die Hypothese richtig ist, dass ein Teil der bildhaften Erscheinungen auf dem inneren Monitor Abbildungen von Gefühlszuständen darstellen, so ist die mangelnde Reproduzierbarkeit gerade das Charakteristikum dieser inneren Wahrnehmungen. Die Forschungsmöglichkeiten über einmalige Prozesse sind äußerst eingeschränkt. Dennoch hat sich in den letzten Jahren auf dem Gebiet der Physik nicht-linear-dynamischer Prozesse auch ein Bereich herausgebildet, innerhalb dessen Singularität Forschungsgegenstand werden könnte. Im Dialog zwischen dem Physiker und Nobelpreisträger Pauli und dem Tiefenpsychologen und Psychoanalytiker C.G. Jung sind Prinzipien der Singularitätsforschung skizziert. Nicht etwa zufällig: denn das psychische Leben ist in der Tat eine vorwärts schreitende Sammlung von Singularitäten, von ineinander übergehenden Einzelfällen.

Um dem gerecht zu werden, sei abschließend die Skizze einer systemtheoretischen Deutung des Phänomens der Gefühls-

Synästhesie, wenn es denn so etwas gibt, dargestellt. Diese Konzeption geht davon aus, dass Denken nie darin aufgeht, pures Denken zu sein, Wahrnehmen nie darin aufgeht, pures Wahrnehmen zu sein; vielmehr wird angenommen, dass Denken und Wahrnehmen immer nur sind was sie sind dadurch, dass sie auf eine einheitsstiftende Emotionssphäre bezogen werden, und zwar unter Vermittlung der neurobiologischen Mechanismen der Wahrnehmungs/Kognitions-Emotions-Kopplung. Intermodale Integration würde dann wesentlich dadurch zustande kommen, dass kognitive- und Wahrnehmungsgehalte grundsätzlich bezogen werden auf ein einheitsstiftendes Bewertungsprinzip, dessen neurobiologische Basis in limbischen Strukturen angesiedelt ist. Dies ist wesentlich auch gerade für die Mechanismen des Erinnerns, weil diese stets in der Anforderung stehen, Kontextualität zu erzeugen, d.h. sinnhafte Bezüge zwischen verschiedenen Aspekten des vergangenen Lebens.

Synästhesie und Erinnern: nach neuropsychologischen Ergebnissen der Gedächtnisforschung besteht Erinnern nicht in einem puren Rückgriff auf fest eingespeicherte Daten sondern stellt eher ein immer wieder Neuerzeugen von „erfundener Wirklichkeit" dar, unter Bezugnahme auf Kontexte der Vergangenheit. Hierfür spricht auch eine Beobachtung, die der Neuropsychologe Gazzaniga an einem epilepsiekranken Patienten mit Balkendurchtrennung (corpus callosum Durchschneidung) gemacht hat. Diese Patienten wurden von dem Neurochirurgen Sperry am Balken operiert, da eine therapieresistente Epilepsie anders nicht therapierbar schien. Testet man neuropsychologisch die rechte Hirnhemisphere unabhängig von der linken und vice versa, so zeigt sich, dass diese Patienten zwei unabhängige Bewusstseinssphären aufweisen, in denen sich voneinander unabhängige kognitive

Prozesse abspielen (two streams of consciousness). Auf diese Widersprüchlichkeiten aufmerksam gemacht, fragte ein derartiger Patient zurück: „Wollen sie mich etwa auseinander dividieren?" Diese Frage erscheint sinnvoll dann, wenn der Patient sich trotz dieser Widersprüche als Einheit erlebt. Diese Einheit kann aber nur eine Einheit des Emotionssystems sein, da bei diesen Patienten das limbische System undurchtrennt in Gemeinsamkeit der rechten und linken Anteile weiter besteht. Man könnte es so formulieren: das emotionale Selbst erzeugt noch die Einheit der Person auch beim Auftreten widersprüchlicher kognitiver Bewusstseinsgehalte. In ähnlicher Weise lässt sich möglicherweise verstehen, was wir an unseren Synästhesieprobanden beobachten. Ein bestimmtes akustisches Erlebnis löst über eine limbische Erregung, die quasi als „Brücke" fungiert, eine assoziative Miterregung aus, die sich als visuelles Erlebnis, geometrisches, farbiges, geformtes Erlebnis einstellt, und entweder den mehr kognitiv wahrnehmungsmäßigen oder den emotionellen Gehalt des Erlebnisses repräsentiert und im Sinne eines Metamodells widerspiegelt. Hierzu passen auch Beobachtungen von Synästhesieprobanden hinsichtlich ihrer Erinnerungsgabe. So erläutert Herr S., der Gedächtniskünstlers Lurijas, dass er sich mit Hilfe der Synästhesiebilder mit Einmaligkeitscharakter genau an die Situation erinnert, in der er die Symbolkombinationen gehört hat: „Ja, ja, . . . das war bei Ihnen in der Wohnung . . . Sie saßen am Tisch, ich im Schaukelstuhl . . . Sie trugen einen grauen Anzug und sahen mich so an . . . nun . . . ich sehe, was Sie damals zu mir sagten . . .„; und so berichtet der Musiksynästhetiker, Herr Waldeck, dessen Bilder wir oben gesehen haben: „Wenn mir diese Fähigkeiten irgendwann abhandenkommen würden, ich glaube, da würde ich wohl manchmal alt aussehen. Ich würde ja nicht das Gedächtnis verlieren, aber die Welt würde mir anders vorkommen. Diese Formen und Farben sehe ich vor einem Hintergrund, den gibt es in Wirklichkeit gar nicht von der Farbe her. Es ist eine Farbe, die kann ich nicht beschreiben. Ich habe es mal mitgebracht anhand des Fotos, die würde ungefähr so einem dunklen Ton entsprechen. Es ist weder ein grün, blau, grau, es ist auch kein schwarz, es ist einfach ja weiß nicht. Dunkel . . . das schwarz der Pauke ist schwärzer als der Hintergrund. Ich würde es als das graue Rauschen bezeichnen. Ja, dieser Raum, der hat eine Farbigkeit, die ist dunkel, aber dunkel kann ja eigentlich nicht leuchten. Schimmert mehr."

3.0 Synästhesie als Lebensform

Synästhesie im eigentlichen „neurobiologischen" Sinne ist sicherlich nicht erlernbar. Es handelt sich um eine Variante der neuronalen Organisation bei der corticalen Repräsentation semantischer Gehalte. Synästhesie im weiteren Sinne als eine Form innerer Wachheit im Hinblick auf die wechselseitigen Bezüge zwischen Wahrnehmungssystemen und insbesondere die Fähigkeit bildhafter Wahrnehmung eigener Gefühlszustände kann man sich aber sicherlich aneignen. Synästhesie wird damit zu einer Metapher für eine Lebensform, in der es eine Steigerung von Kreativität, mentaler innerer Absicherung und innerer Stabilität im Rahmen des Erreichten gibt. Synästhesie als Lebensform beinhaltet dann, den Gegenständen (und sich selbst) eine neue Form von Multidimensionalität, von Uneindeutigkeit, von Komplexität und Bedeutungshaltigkeit zuzubilligen - eine Art von Enttrivialisierung - und damit auch uns selbst einen dem Reduktionismus heilsam entgegenwirkenden

Aspekt innerer Vielfalt: denn Menschen gehen nicht darin auf, biologische Maschinen zu sein, die wie der Darwin karikierende Essayist Samuel Butler schrieb, sich so erklären lassen: „Eine Henne ist nur die Art und Weise, wie ein Ei ein anderes Ei hervorbringt." Was es heißt, ein Mensch zu sein, lässt sich vielmehr häufig eben gerade nicht dadurch erklären, dass gesagt wird: „Wir sind nichts anderes als . . .". Das Phänomen der Synästhesie kann uns lehren, diese „Hyper-Reduktionismen" zu vermeiden; und Synästhesie als Lebensform kann Angst reduzieren, weil sie eine neue Dimension innerer Sicherheit, eine neue Form von Selbstvergewisserung und Absicherung im eigenen Selbst ermöglicht.

Aus der Gefühls-Synästhesie kann man somit ableiten, dass unser auf Wiederholbarkeit ausgerichtetes Selbstbild in bestimmten Hinsichten keine geeignete Metapher ist für unser Selbstsein, weil nämlich das, was wir sind, eine Reihung, eine Summe von Einmaligkeiten, von Nicht-Wiederholbarkeiten enthält, für das unsere Maschinenmetapher kein Modell darstellt. Synästhesie als Lebensform erweist sich als Paradigma eines Selbstverständnisses des Menschen jenseits der Maschinerie, jenseits einer Physik der Reversibilität, als Paradigma eines Selbstverhältnisses im Sinne einer Physik der Singularität: die nicht-lineare Dynamik ist somit in gewissem Sinne eine Physik der Einmaligkeit, des Singulären, des Nicht-Wiederholbaren.

Erinnerbare Vergangenheit erweist sich damit als emotionelle Kontextualität, als auf rückwärts gerichtete gefühlshafte Situations-Bezogenheit.

4.0 Was aber bedeutet dann „Musikalisierung des Lebens"?

Musikalisierung bedeutet dann die Integration des Unsagbaren im Sinne von Ingeborg Bachmann in unser Dasein. Es bedeutet dies, das Unverwandelbare und unübersetzbar Einzige als etwas nicht beliebig Substituierbares in unserem Leben aufzuspüren. Der Philosoph Robert Spaemann hat mit Sokrates die Philosophie als Form der Musik gekennzeichnet. Musikalisierung bedeutet den Werdeprozess der Entstehung einer Gewissheit in uns, das Wirksamwerden einer Wahrheit in uns – dass es in unserem Leben etwas gibt, das unverwechselbar, nicht-beliebig, authentisch und einzigartig ist, das ich aussagt, in uns wirksam wird und durch nichts anderes in derselben Weise noch einmal ausgesagt werden kann. Das Musikalische als das Singuläre, Qualitative, Wesenhafte.

2. Musikalisierung des Lebens und Eroberung von Gegenwart in der Improvisation

Bremen, JazzAhead, 23. – 26. April 2009

Motto: „Plötzlich ging es mir auf, dass vielleicht eben das es war, was Johnny mir zu verstehen geben wollte, als er die Wolldecke wegstieß und sich mir nackt wie ein Wurm zeigte, Johnny ohne Saxo, Johnny ohne Geld und ohne Kleider, von etwas besessen, das sein armer Verstand nicht zu begreifen vermag, doch das seine Musik durchweht, seine Haut streichelt und ihn vielleicht für einen unvorhersehbaren Sprung vorbereitet, den wir nie verstehen werden."

Aus: „Der Verfolger" von Julio Cortázar (1958)

1.0 Einleitung

Der „Verfolger", von dem hier die Rede ist, ist der von Julio Cortázar dargestellte Saxofonist Johnny Carter, gemeint ist Charlie Parker: was ist es, was dieser Verfolger verfolgt? Welches innere Gesetz steht hinter diesem Leben, dieser Dynamik, diesem Abgrund? Wir hören von einer Besessenheit, die der Verstand nicht zu begreifen vermag, wir hören von einer Musik, die die Haut streichelt und den Künstler auf einen „unvorhersehbaren Sprung" vorbereitet von dem gesagt wird, dass wir „ihn nie verstehen werden".

Wovon ist hier die Rede? Hiervon und dem künstlerisch wissenschaftlichen Umfeld, das uns vielleicht helfen kann, diese seelische Situation zu verstehen, soll in diesem Vortrag die Rede sein. Es geht um die Philosophie der Spontaneität, die Bewältigung von Zeit, ihre Verwandlung in Gegenwart, um Synthesis und Synaisthesis, Musiktherapie und Neuroplastizität, aber letztlich um das Wesen des Musikalischen in uns.

Was ist hierzu der Ausgangspunkt? Wir leben im Zeitalter des Funktionalismus; dies bedeutet: Menschen werden nicht in erster Linie als sie selbst, als ihr Selbstsein, als Wesenheiten genommen, sondern sie sind Funktionsträger: alles ist was es ist, durch die optimale Ausfüllung einer Funktion. Das Seiende erschöpft sich in dieser Funktionalität. Darüber hinaus mag es etwas geben; aber es ist irrelevant. Allerdings: wir haben die Intuition als Menschen, dass unser Selbstsein, der „Sinn" unseres Daseins, nicht in dieser Funktionalität aufgeht. Es muss etwas darüber hinaus geben, was es heißt, ein Mensch zu sein. Dieses „Surplus", worin besteht es? Ich habe früher in einigen Aufsätzen zur Philosophie der Kunst hierzu einen Vorschlag gemacht, der den Arbeitstitel enthielt „Die Musikalisierung des Lebens"; und diesen Texten von vor ca. 6 Jahren verdanke ich auch wohl die Einladung zum heutigen Vortrag. Was ist unter der Musikalisierung des Lebens zu verstehen? Die Frage, was ist das Musikalische in uns, wird nicht dahingehend beantwortet, es gehe darum, dauernd Musik zu machen, dies zu sollen, zu wollen oder zu müssen; oder dass wir etwa permanent singend, summend, pfeifend und tanzend durch die Welt hüpfen wollten. Es kann nämlich jemand hoch musikalisiert sein, ohne selber Musik zu machen, ja ohne sie in besonderer Weise verstehen zu können: es geht vielmehr um etwas anderes, tieferes. Um dies deutlich zu machen, möchte ich die Frage stellen: „Was sind musikalische Gedanken?" Musikalische Gedanken beruhen auf einem „Fühldenken" oder auch „Denkfühlen" in uns als einer fundamentalen Grundlage von Kognition. Musikalische

Gedanken als „Fühlgedanken" haben keinen konkreten intentionalen Gegenstand, den sie beschreiben, wie ein Aussagesatz einen „intentionalen Gehalt" hat, den er im Sinne von Edmund Husserl ausdrückt; d.h. musikalische Gedanken haben als intentionalen Gegenstand eben gerade dieses ausgedrückte gefühlshafte In-der-Welt-Sein. Musikalische Gedanken sind in diesem Sinne „sprachlich", in einer Urtümlichkeit, die auch die gesprochene diskursive Sprache haben kann. Das ist eine Entdeckung, die der Komponist Leos Janacek gemacht hat und beispielsweise in seiner Oper „Aus einem Totenhaus", bei der das Libretto auf Texten von Dostojewskij beruht, verwendet hat. Janacek möchte in dieser Oper seine Entdeckung real erfahrbar machen, dass Sprache bereits als solche musikalisch ist; und auch vom anthropologischen Standpunkt aus erscheint es wahrscheinlich, dass Musik und Sprache aus einer gemeinsamen Wurzel hervorgehen, einer Art tänzerisch-rhythmischer nicht abstrakter Ausdrucksgeste.

Ein solcher musikalischer Gedanke ist aber mit dem Inhalt eines Traumes, einem Traumgedanken in mancherlei Hinsicht eng verwandt und steht zu der begrifflich rationalen Kognition der „idea clara et distinca" im Sinne von Descartes in einem entscheidenden Gegensatz. Man könnte in diesem Zusammenhang formulieren: das seelische Denken, das uns selbst mehr ausmacht als das logische Denken in Begriffen, ist komplex, widersprüchlich wie die Träume, es ist eher am „Fühldenken" und „Denkfühlen" orientiert und hat keinen klar definierten Gegenstand wie etwa der Satz „Die Ampel steht auf grün". Wie steht es aber nun mit unserem konkreten Leben? Unser Leben ist oft stärker im Fühldenken verortet als im reinen kognitiven begriffsorientierten Denken. Was kann man da tun?

Hier spielt einmal die Seelensprache des Traumes eine große Rolle, weil der Traum dem psychischen Prozess näher ist, und der Traum als solcher kreativ ist. Die Seele ist eine Summe schöpferischer, wirklichkeitsschaffender Prozesse in uns; und die musikalische Sprache ist in diesem Sinne der Traumsprache in einigen Punkten eng verwandt, ist dieser ähnlich, denn sie ist ebenfalls gefühlsbetont, macht keine abstrakt definierten Aussagen, ist vieldeutig, kreativ, wandlungsfähig und wirklichkeitsverändernd. Insofern, so könnte man resümieren, lohnt es sich vom Standpunkt des Psychischen aus, das Projekt der „Musikalisierung des Lebens" in ähnlicher Weise ernst zu nehmen, wie das riesige Projekt, das Freud im Jahre 1900 mit seinem Buch „Die Traumdeutung" ausgelöst hat.

2.0 Zeitphilosophische Aspekte des Themas: Zeitphilosophie und das musikalische „Jetzt"

Musikologische Fragen haben viel mit der Philosophie der Zeit zu tun, d.h. mit grundsätzlichen Fragen nach Zeitlichkeit, der Innerlichkeit von Zeiterleben, dem in der Zeit Sein schlechthin. Es gibt den Nachhall und die Erwartung, es gibt die musikalische Vergangenheit und es gibt das Zukünftige, das auf uns zukommt, und es gibt – hoffentlich – die Gegenwart, es gibt das „Jetzt". Dies ist ein Kontext gerade auch im Hinblick auf die Improvisation. Es gibt in Edmund Husserls Zeitphilosophie die Regelhaftigkeiten des Vergangenen, die damit verbundene „Retention", das was in uns zurückbleibt, wenn die Zeit vergeht; und es gibt die „Protension": die Erwartung, das auf das hin wir uns, erwartend, wenden. Und es gibt schließlich die Gegenwart, das Gegenwärtige: Die Präsenz und vielleicht auch die

Hyperpräsenz. In diesem Kontext ist zu erinnern an Henri Bergsons Gedanken (dargestellt in seinem Werk „Materie und Gedächtnis"): „Die Vergangenheit ist nicht vergangen", eine These, die den großen zeitphilosophischen Dichter und Romancier Marcel Proust auf seiner „Suche nach der verlorenen Zeit" zu einer Potenzierung des Vergangenheitserlebnisses in der Gegenwart führte (das „Madeleine"-Erlebnis). In diesem Sinne könnte man die Frage stellen: inwieweit zielt diese Suche Prousts eigentlich gar nicht auf Vergangenes sondern auf Präsenz (auf Anreicherung und Potenzierung des Momentes, des Kairos, des Gegenwartserlebnisses in der z.B. „Madeleine"-Erinnerung)?

Worin liegt aber nun in unserer Gegenwartskultur, in diesen zeitlichen Abfolgen, ein Problem? Es ist dies die Frage nach der Eroberung von Gegenwärtigkeit, die Frage nach der Eroberung von so etwas wie „Realität". Viele Menschen leben in Wirklichkeit in ihren Konzepten einerseits über Vergangenes und andererseits über ein mögliches konzeptualisiertes Zukünftiges mehr als in der Präsenz des wirklich Gegenwärtigen. Psychologen nennen dies ein Konzept der „Achtsamkeit". Deshalb gibt es so viele Schablonen, so viele Schemata, so viele Ikonen, so viele Abstrakta. Die Gegenwärtigkeit des Gegebenen wird zur Herausforderung, zum „Unzulänglichen", wie Goethe in Faust II sagt, zum Herausforderungspunkt, zum Problem. Was kann man da tun? Wenn es um die Frage der Gegenwärtigkeit von Gegenwart geht, so ist dies im Sinne der Theorie der subjektiven Zeit nach Auffassung des Medizinpsychologen Ernst Pöppel so darzustellen, dass etwa die Strophe eines Gedichtes oder eine Figur eines musikalischen Bogens neuropsychologisch einem Gegenwartsmoment entspricht. Etwa eine Zeile in dem Gedicht:

„Ich weiß nicht, was soll es bedeuten,
dass ich so traurig bin.
Ein Märchen aus uralten Zeiten,
das kommt mir nicht aus dem Sinn …"
(Heinrich Heine)

Der große Zeitphilosoph der Gegenwart Prof. Michael Theunissen aus Berlin sagt in seinem Buch „Negative Theologie der Zeit" zum Phänomen von „gelingender Gegenwart": „Wir kennen alle ein elementares Verhalten, das die Realität einer Freiheit von der Zeit zu bezeugen scheint: das Verweilen. Verweilend gehen wir gleichsam nicht mit der Zeit mit. Wir befreien uns von ihr, indem wir aus ihrem Fluß heraustreten. Oder täuschen wir und auch da? „Nicht mitgehen mit der Zeit" - das ist eine Metapher, und Metaphern erregen wiederum den Verdacht, keinen Realitätsgehalt zu besitzen." Gleichwohl beschreibt Theunissen dann den Zeitraum des Verweilens vor einem Gemälde, in einer Galerie als Überstieg über die Kontinuität der Zeit, als Ausbruch, als Moment des „Jetzt", im Jenseits der Zeitlichkeit.
Dieses Verweilen: wie ist gelingendes Verweilen möglich – in der Musik? Sie spüren, wir nähern uns hier dem Kernpunkt des Musikalischen im Hinblick auf seelisches Dasein, auf Dasein schlechthin.

3.0 Improvisation als Eroberung von „Gegenwart"

Zum Wesen des Musikalischen im „Jetzt": Improvisation ist Kreativität, schöpferische Kraft, aus dem Moment heraus; was ist mit diesem Moment? Er enthält etwas Unvorhersehbares, etwas Plötzliches, etwas Undeterminiertes, etwas in diesem Sinne „Freies"; er ist zusammengewürfelt aus künstlerischen Elementen des Kontrolliertseins (eben aus dem Vergangenen, Regelhaften) und des in das Zukünftige Projiziertseins; und schließlich ein drittes Element, das aus dem „Jetzt" entspringt, das wir nicht ganz unter Kontrolle haben: es ist das gefühlshafte Unbewusste, das Tiefenstrukturhafte, das Ungesagte und vielleicht Unsagbare, um hier an ein Konzept von Ingeborg Bachmann zu erinnern. Denken Sie an das Eingangszitat über Charlie Parker, in dem es heißt, es gibt ein Etwas, von dem man besessen sein kann, das der arme Verstand nicht zu begreifen vermag, das aber „doch ... seine Musik durchweht, seine Haut streichelt und ihn vielleicht für einen unvorhersehbaren Sprung vorbereitet, den wir nie verstehen werden." Sie sehen, hiervon handelt Cortázars Text. Dies zu erreichen, das ist das Projekt des Verfolgers. „ '...könnte ich doch nur leben wie in diesen Augenblicken, oder wenn ich spiele und die Zeit sich auch ändert. Wenn du bedenkst, was sich in anderthalb Minuten alles abspielen kann [...] Da könnte einer, nicht nur ich, auch die da und du und alle Jungs, Hunderte von Jahren leben, ja, wenn wir einen Weg finden, könnten wir tausendmal länger leben, als wir wegen der Uhren leben, dieser Manie der Minuten und des Übermorgen...' ... während Johnny mir erzählt, denn dann spüre ich, daß da etwas ist, das langsam nachgibt, als wolle ein Licht angezündet werden, oder besser, als müsse man etwas spalten, es von oben bis unten spalten wie einen Stamm, in den man einen Keil treibt, auf den man bis zuletzt einhämmert."

Ingeborg Bachmann sagt hierzu in ihrem Text unter dem Titel „Musik" Folgendes: „Was aber ist Musik? Was ist dieser Klang, der dir Heimweh macht? Wie kommt´s, dass du in deinen Todesstunden wieder nach der Nachtigall rufst und dein Fieber wild aus der Kurve springt, damit du sie noch einmal im Baume sehen kannst, auf dem einzigen hellen Zweig in der Finsternis? Und die Nachtigall sagt: „Tränen haben deine Augen vergossen, als ich das erste Mal sang!" So dankt sie dir noch, der du zu danken hast, denn sie vergißt es dir nie." (kompletter Text siehe Seite 11-12)

Das, worum es hier geht, ist etwas ganz, ganz Großes, ein Moment des Mutes zum sich fallen Lassen, ein Moment der Freiheit zum, wie Sören Kierkegaard sagt, „Sprung": „Man kann die Angst mit einem Schwindel vergleichen. Wer in eine gähnende Tiefe hinunterschauen muß, dem wird schwindlig. Doch was ist die Ursache dafür? Es ist in gleicher Weise sein Auge wie der Abgrund - denn was wäre, wenn er nicht hinuntergestarrt hätte? ... Zwischen diesen beiden Augenblicken liegt der Sprung, den keine Wissenschaft erklärt hat noch erklären kann.".

Der Mensch springt hier quasi in sich selbst hinein, in seine eigene Freiheit, indem er, wie Heidegger sagt, „sich wagt". Dieses Wagnis ist bei Sören Kierkegaard der eben beschriebene „Angst-Sprung".

Dieses Wagnis beschreibt Cortázar in seinem Text „Der Verfolger" über Charlie Parker mit folgenden Sätzen: „Sein Gesicht war ganz grau, weißt du, und von Zeit zu Zeit befiel ihn eine Art Schüttelfrost; ich sah ihn schon auf dem Boden liegen. Doch da stößt er plötzlich einen Schrei aus, sieht uns einen nach dem anderen sehr langsam an und fragt uns, worauf wir eigentlich noch warteten, um mit *Amorous* zu beginnen Du weißt, dieses Thema von Alamo. Nun, Delaunay gibt dem Techniker ein Zeichen, wir setzen so gut wir können ein, und Johnny stellt sich breitbeinig hin, steht da wie auf einem schwankenden Boot und beginnt zu spielen, wie ich das, ich

48

schwöre dir, noch nie gehört habe. Und das drei Minuten lang, bis er plötzlich einen Ton hervorstößt, der selbst die Harmonie des Himmels hätte zerstören können, sich in einen Ecke verkriecht und es uns überläßt, das Stück so gut wir können zu Ende zu spielen. Doch das Schönste kommt noch, nämlich als wir zu spielen aufhörten, war das erste, was Johnny sagte, daß alles ganz miserabel gewesen sei und daß diese Aufnahme nicht zähle. Natürlich hörten weder Delaunay noch wir auf ihn, denn trotz der Mängel war das Solo Johnnys tausendmal mehr wert als das, was du jeden Tag hörst. Es war etwas anderes, ich kann es dir nicht erklären ... Du wirst es schon noch hören."

Diese großartige seltene Aufnahme mag hier als Repräsentation gelten für die Transzendierung von Zeit in der eroberten Gegenwart im Sinne einer Kreativität des Künstlerischen im Augenblick, die Goethe beschreibt, wenn er davon spricht: „Die Uhr steht still, die Zeiger fallen, dann ist für mich die Zeit vorbei". Und die Kreativität, die Goethe hierfür als ausschlaggebend beschrieben hat, hat er in einem kleinen Text in folgender Weise charakterisiert: „Zur Anschauung gesellt sich die Einbildungskraft, diese ist zuerst nachbildend, die Gegenstände nur wiederholend. Sodann ist sie productiv, indem sie das Angefaßte belebt, entwickelt, erweitert, verwandelt."; eine sehr einleuchtende Beschreibung des Phänomens der Improvisation!

Noch einmal Cortázars Parker-Buch: „Doch von all dem habe ich schon in meinem Buch gesprochen, habe gezeigt, wie der Verzicht auf sofortige Befriedigung Johnny dazu brachte, eine Sprache zu schaffen, die er und andere Musiker heute bis an ihre äußersten Grenzen treiben. Dieser Jazz verschmäht jede billige Erotik, jeden Wagnerianismus, um es so zu sagen, und stellt sich in einen scheinbar leeren Raum, wo die Musik in absoluter Freiheit bleibt, so wie die Malerei, die der Darstellung sich verweigert, in Freiheit bleibt, um nichts weiter zu sein als Malerei. Aber dann, über seine Musik gebietend, die keine Orgasmen noch Sehnsüchte fördert, eine Musik, die ich metaphysisch nennen möchte, schient Johnny auf die zu bauen, um sich selbst zu erforschen, um die Wirklichkeit, die sich ihm ständig entzieht, zu packen zu kriegen. Ich sehe darin das große Paradox seines Stils, seine herausfordernde Wirkung. Unfähig, ihn zu befriedigen, bedeutet die Musik einen ständigen Anreiz, ein endloses Konstruieren, und die Freude daran besteht nicht im Vollenden, sondern im fortgesetzten Forschen, um Gebrauch von Fähigkeiten, die das momentan Menschliche hinter sich lassen, ohne der Menschlichkeit zu entraten. Und wenn Johnny wie heute abend im ständigen Erschaffen seiner Musik aufgeht, weiß ich, daß er vor nichts ausweicht."

Im Sinne dieser Momente des Überstiegs könnte man sagen, der gegenwärtige Funktionalismus lässt „Realität" regelrecht verschwinden, wie dies in dem Filmwerk der Gebrüder Wachowski „Matrix" dargestellt ist. Es geht um ein Leben in Konzepten, in Wirklichkeitsfiktionen und, damit korreliert, so etwas wie „Musikalitätsverlust". Ein Paradigma hierfür wurde unter meiner Mitwirkung von der Hannoverschen Oper als „Zeitoper" dargestellt, wobei das neurologische Phänomen der „sensorischen Musikagnosie" zum Thema gemacht wurde und versucht wurde zu zeigen, in welcher Weise dies auf einer höheren Ebene transzendiert werden kann. Man könnte in meinem Sinne dies so formulieren: es kommt nach der Entmusikalisierung des Lebens wieder zu einer Re-Musikalisierung oder sollte es kommen! Sie spüren: hier geht es um einen besonderen Wirklichkeitsbegriff, der nicht in dem konstruktivistischen Wirklichkeitsbegriff von Heinz von Förster aufgeht: „Wirklich ist was wirkt", sondern der eine andere

Tiefendimension von Wirklichkeit aufweist, wie dieser in den Frankfurter Poetikvorlesungen von Ingeborg Bachmann dargelegt wurde („Nennen wir es (das Poetische) vorerst Realität").

4.0 Musik als Therapie

Für Musiktherapie wichtig ist das Erfahren der „musikalischen Gegenwart", des Augenblicks, damit die Improvisation. Die Improvisation ist nur möglich durch eine Art gesichertes Sich-hineinfallen-Lassen in den (im Sinne von Franz Kafka) „unbewachten Augenblick". Hierzu ist erforderlich eine Kohärenz von primär haltgebendem eingeübtem Gewusstem, Vorstrukturiertem, kognitiv Durchleuchtetem und andererseits Unbewusstem, Ungesichertem, Ungeschütztem und in diesem Sinne „Neuem", das heraufdrängt und in diesem Sinne „wirklich werden" möchte. Die Improvisation ist die große Chance, im Moment ihrer Entstehung, dass unbewusste Seelenkräfte sich in der Musik ihre eigene Sprache erzeugen und im Sinne ihres Hervordrängens sichtbar werden. Insofern geht es auch um einen inneren Dialog zwischen unbewusstem seelischem Konfliktmaterial und dem Wachbewusstsein, was damit auch in der Musiktherapie die Chance enthält, den psychotherapeutischen Prozess in einem geschützten kognitiv-sprachlich nicht ohne weiteres angreifbarem Raum wirklich werden zu lassen.
Was ist in diesem Sinne die Besonderheit von Musiktherapie, wie wirkt sie auf den therapeutischen Prozess ein?
Erinnern möchte ich in diesem Zusammenhang noch einmal an die integrative Bedeutung synästhetischer Erlebnisse. Man

51

könnte sagen, das besondere bei synästhetischen Erfahrungen ist die Entstehung von Kontexten mit Einmaligkeitscharakter, ist das besondere dieses hier und jetzt, das im synästhetischen Erlebnis aufscheint. Eine ähnliche Chance ergibt sich in der Musiktherapie. Das besondere an der Musiktherapie ist einmal, dass hier eine Sprache gesprochen wird, die von der konventionellen Begriffssprache mit ihren scheinbaren Eindeutigkeiten verschieden ist und insofern nicht von vornhinein relativierbar und angreifbar ist. Wahrscheinlich ist hierbei das aktive Musizieren therapeutisch wesentlich wirksamer als das passive Hören von Musik. Beim Hören gibt es letztlich zwei Anwendungsbereiche: einmal die Verwendung von Musik im Sinne der „Gefühlsansteckung", d.h. wenn man so will eine Art Umstimmung, die häufig aber ins Gegenteil umschlagen kann, weil die Psyche sich gegen eine Gefühlsmanipulation wehrt. Die andere Form der Musikrezeption in der Therapie wäre eine Art „Deixis", d.h. ein aktives Verfolgen musikalischer Ausdrucksformen und der Versuch, hierbei unbewusste Konflikte mit diesen melodischen Elementen in Verbindung zu bringen und damit psychisch kohärent zu machen. Wesentlich wirksamer dürfte die aktive Form des Musizierens sein, wobei bei schwersten organischen Erkrankungen oder anderen schweren seelischen Störungen beim völligen Fehlen von sprachlichen Möglichkeiten durch das Musizieren eine andere Form des emotionalen und psychischen Ausdrucks, der Resonanz und der Kommunikation mit anderen Teilnehmern an der Therapie erfolgen kann. Hierbei sind auch insbesondere psychotische Erkrankungen und Depressionen sowie Patienten mit Persönlichkeitsstörungen (z.B. Borderline-Erkrankungen) mit solchen Therapieformen behandelbar. Ich selbst habe in meiner Zeit als Vizedirektor der Max-Planck-Klinik für Psychiatrie

München vor etwa 17 Jahren eine Jazzmusiktherapie-Gruppe mit einem Musiktherapeuten zusammen aufgebaut, in der sowohl schizophrene Patienten als auch depressive Patienten einmal pro Woche über 2 Stunden musiktherapeutisch behandelt wurden, wobei sowohl Elemente der kommunikativen Arbeit in der Gruppe als auch das Phänomen der Improvisation gleichgewichtig eingesetzt wurden. Diese Therapieform wurde über etwa ein Jahr lang durchgeführt (bis zu meinem Weggang nach Hannover) und hatte offensichtlich sehr positive emotional und psychisch stabilisierende Effekte.

Den Hintergrund hierfür bilden sicherlich Vorgänge der Neuroplastizität des Gehirns, die in den letzten Jahren eingehender erforscht wurden.

Musizieren zur Verbesserung der kognitiven und emotionalen Fähigkeiten

Untersuchungen über die Entwicklung der Neuroplastizität des Gehirns bei der Entwicklung sensomotorischer Integration an Musikern und nicht-Musikern zeigen, dass die sensomotorischen Integrationsleistungen bei Musikern, die mit weniger als 10 Jahren ihre Musikausbildung begannen, hirnphysiologisch (mit bildgebenden Verfahren dokumentiert) eindeutig bessere Integrationsleistungen aufweisen als nicht-Musiker. Darüber hinaus konnte gezeigt werden, dass bereits nach einem 20-Minuten Training von musikalisch nicht Geübten sich eine Verbesserung der neuronalen multisensorischen Konnektivität im Gehirn, z.B. bei Pianisten, ergibt.

Fragt man sich nun, welche Art von Musik in welchen psychischen Situationen therapeutisch besonders wirkungsvoll sein kann, so muss zuerst der Satz ausgesprochen werden, dass jede Therapieform auch die Möglichkeit ihres Scheiterns beinhaltet. In qualitativer Hinsicht lässt sich aber sagen, Jazz erscheint von der eigenen Entwicklungsgeschichte im 19. und 20. Jahrhundert als subversive Musik, die in New Orleans und Umgebung als eher befreiende und beklagende Kunst, es handelt sich in diesem Sinne um eine wirklichkeitsschaffende Befreiungsmusik, die andererseits aber hochintellektuell und musikalisch extrem anspruchsvoll auftreten kann. Entscheidend beim Jazz ist das Schweben, das Grooven, d.h. eine Rhythmizität, die nicht rein chronographisch sondern emotional vorwärts drängend und eindringend aber erhebend ist. Während Jazz eine subversiv und befreiende, und das Unbewusste ansprechende Note hat, könnte man der Popmusik attestieren, unterhaltend-liebenswürdig zu sein: Bestehendes unterstützend, Probleme aber zugleich unter den Teppich kehrend, häufig auch nichtssagend, dabei allerdings auch tröstend. Pop ist einschmeichelnd freundlich aber nicht problemlösend, während Jazz eine emanzipatorisch-fordernde Seite aufweist. In der klassischen Musik sind alle diese Elemente, die wir über Jazz und über Popmusik zusammengefasst haben, partiell enthalten, wobei aber die Frühklassik und das Barock eher eine ordnende Kraft der Klarheit und Mathematisierbarkeit aufweist, während spätestens mit der Hochromantik und im Übergang zur neuen Musik auch die Sprache des Unbewussten und die Problemkonfrontation in das Zentrum der musikalischen Wirklichkeit rückt.

3. Zum sich Aussprechen bei Hugo von Hofmannsthal

Seminar Leibniz Universität Hannover, Philosophische Fakultät, 15.4.2010

Wie drückt sich das Seelische aus? Dies als eine Frage der Sprachphilosophie, die nicht nur für Philosophen, Literarhistoriker und Psychologen, sondern insbesondere für uns alle, wie wir im Leben stehen, von eminenter Bedeutung ist. Das Psychische in uns kennt viele „Sprachen", um sich auszusagen, um „Kontakt" aufzunehmen, um etwas auszudrücken, Signale zu geben (in seiner Einsamkeit), um Antworten zu erwirken, wobei neben der gesprochenen Wortsprache/Satzsprache es die Mimik und die Gesten sind, das Tänzerische und das Singen, all das, was es für uns untereinander ausmacht, wir selbst zu sein und für andere zu sein und das den seelischen Ausdruck prägt. Lassen diese „Sprachen" sich ineinander übersetzen, sind sie einander parallel, einander unter- oder übergeordnet, wie vermitteln sie sich miteinander und welche hat den Führungsanspruch? Wir gehen in der Regel davon aus, dass die Bewusstseinssprache, die Geistsprache, die gesprochene Sprache, die Begriffssprache diejenige ist, in der wir in erster Linie als geistig-seelische Wesen vorkommen und mit der wir uns mit uns und mit anderen vermitteln und austauschen. Aber da gibt es Probleme von Inselhaftigkeiten, Rissen und Verwerfungen, Widersprüchen und Dissoziationen, dem Auseinanderbrechen der Einheit des Bewusstseins oder eben auch gerade vieler Bewusstseins, die wir so gerne in eine Ordnung gebracht haben würden und deren

Launenhaftigkeiten und Widersprüchlichkeiten uns das Leben nicht gerade leicht machen.

Vor diesem Hintergrund der Multiplizität sprachlicher Ausdrucksformen der menschlichen Psyche erscheint es nicht nur plausibel, ja es erscheint geradezu unausweichlich, dass es in uns Menschen zu Krisen kommt, die als Sprachkrisen des Unsagbaren bezeichnet werden können, und zwar dies in erster Linie in dem Sinne, dass die Sprache nicht das leistet, was wir von ihr erwarten, nämlich das auszusagen, was unsere Innerlichkeit, unsere geistig-seelische Intentionalität zum Ausdruck bringen will. Man könnte dies vielleicht als die Sprachkrise der ersten Stufe bezeichnen, in dem Sinne, dass die immer genauere, immer subtilere Ausdifferenzierung sprachlicher Gestalten, wie sie in einem Schriftstellerleben charakteristisch sind, an Grenzen stößt, innerhalb derer es zu einem Sprach-Misstrauen kommt, zu einer Sprachkrise des nicht zum Ausdruck bringen Könnens, was das eigentlich ist, das – wie Ingeborg Bachmann in ihren späten zur Veröffentlichung nicht freigegebenen Gedichten sagt, diese Undurchdringlichkeit, an der die Worte scheitern, („Ich habe keine Worte mehr / nur Kröten, die springen / heraus und schrecken …", die „Mundgeburten / in lieblicher Bläue / und bei Frost der / abgemähten Liebesfelder / Liebe, die große Merde / alors, das dünkt einen / Wahnsinn, in dem / meinetwegen alles, / meinetwegen alles, / zugrunde gehen soll."

Eine darüber hinausgehende zweite Stufe der Sprachkrise besteht darin, dass bei traumatisierten Menschen eine Sprachverweigerung deshalb auftritt, weil das Trauma eine Desintegration der Multiplizität der verschiedenen Sprachformen unseres Selbst, die vorher illusionär vereinheitlicht worden war (vielleicht besser: zur Einheit gezwungen worden war) offenkundig gemacht hat und damit einen Sprach- und Wirklichkeitszerfall mit dissoziativen Zügen hervorgebracht hat, die der Sprache und dem Sprechen eine aporetische Gestalt verliehen hat. So heißt es bei Sarah Kane in ihrem Theaterstück „4.48 psychosis":

Um 4 Uhr 48
wenn die Verzweiflung mich überkommt
werd ich mich aufhängen
im Ohr die Atemzüge meines Geliebten
Ich will nicht sterben
Sterblichkeit, dieser Fakt deprimiert mich so sehr, dass ich
beschlossen hab: Zeit zum Selbstmord
Ich will nicht leben
Ich bin eifersüchtig auf meinen Geliebten, der schläft, ich sehne
mich nach seiner ferngesteuerten Bewusstlosigkeit
Wenn er aufwacht, wird er mich beneiden um meine schlaflose
Nacht voller Gedanken und Reden ungetrübt von Medikamenten
Ich habe mich dem Tod überlassen in diesem Jahr
Manche werden sagen: die übertreibt
(Glückliche, die nicht wissen, was daran wahr ist)
Manche werden den Schmerz kennen als simplen Fakt

So sieht mein Alltag jetzt aus

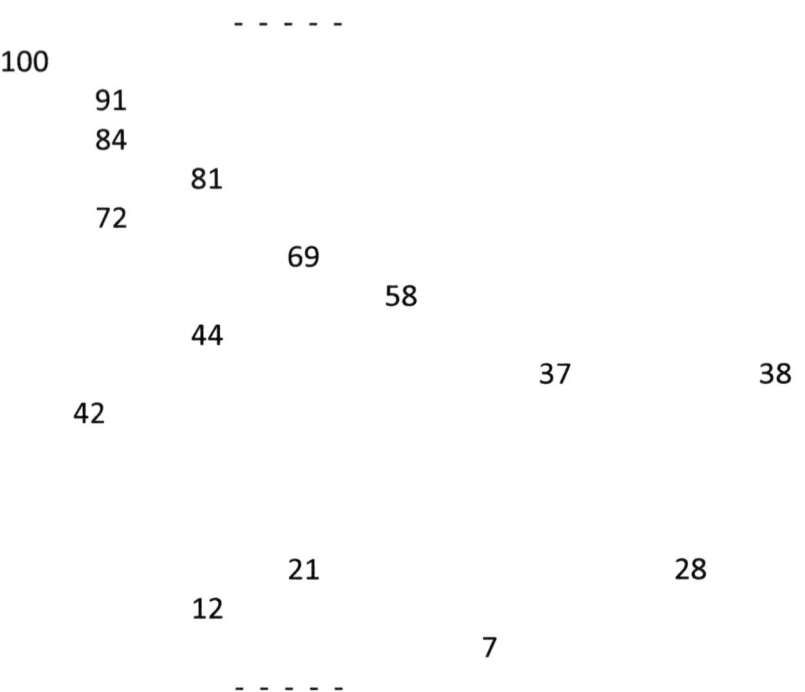

Und bei Ingeborg Bachmann in „Der Fall Franza":

„Nur das Wortgeröll rollt, nur das Papier läßt sich wenden mit einem Geräusch, sonst tut sich nichts [...]."
„[...] zusammensetzen lassen aus Worten [...]."
„Das Papier aber will durch den Tunnel[...] die Worte formieren sich, [...] (bei nur blauer Lampe) rollen die Einbildungen und Nachbildungen, rollen heraus aus einem Kopf, kommen über einen Mund, der von ihnen spricht und es verlässlich tut wegen

des Tunnels im Kopf, [...]ein Bild nur, von Zeit zu Zeit unter einer bestimmten Schädeldecke, die aufzuklappen auch wenig Sinn hätte [...]."

Die Sprechsprache mit ihrer Amalgamierungskunst, immer das Allgemeine im Besonderen und das Besondere im Allgemeinen ausdrücken zu können und dies auf alle Gebiete des Lebens beziehen zu können (alles mit allem zu verbinden, zumindest hiervon den Schein zu erwecken), hält die Illusion der Einheitlichkeit und Verbundenheit der verschiedenen Teilsprachen unseres Lebens aufrecht (neben der Sprechsprache die Gestensprache, Mimiksprache, Singsprache, Heulsprache, Lachsprache, Berührungs- und Streichelsprache, Gewaltsprache, Hüpfsprache, Schreitsprache, Blicksprache, die Sprache in den Knochen (Franz Kafka schreibt 1920 an Milena über das „Nicht-Mitteilbare": „...ich suche immerfort etwas Nicht-Mitteilbares mitzuteilen, etwas Unerklärbares zu erklären, von etwas zu erzählen, was ich in den Knochen habe und was nur in diesen Knochen erlebt werden kann.")). Bei Traumatisierungen kann die Illusion dieser Einheitlichkeit zerfallen; es kommt dann zu dissoziativen Zuständen und zur Frakturierung des Bewusstseins, zur Ausbildung von „Sprech- und Sprach-Inseln", die unvermittelt aneinander stoßen und unverbunden parallel zueinander arbeiten.
Ein Beispiel gibt Wiebrecht Ries in seinem Kafka-Aufsatz an einer Stelle, in der er einen Text aus „Beschreibung eines Kampfes" zitiert, wo gezeigt wird, dass eine konkrete Handlung, das „wir jausen im Grünen", unverbunden bleibt mit der sprachlichen Äußerung hierüber, was als „merkwürdig" erlebt wird: „Dabei sagte ich, dass dieser Vorfall so merkwürdig sei, und dass ich ihn keineswegs begreife." Der Hintergrund dabei ist der, dass in dem

Kapitel „Begonnenes Gespräch mit dem Beter" die radikale philosophische Frage gestellt, inwiefern es möglich ist, einen unmittelbaren Zugang zur eigenen Lebenswirklichkeit zu erlangen: „Es hat niemals eine Zeit gegeben, in der ich durch mich selbst von meinem Leben überzeugt war. Ich erfasse nämlich die Dinge um mich nur in so hinfälligen Vorstellungen, dass ich immer glaube, die Dinge hätten einmal gelebt, jetzt aber seien sie versinkend. Immer, lieber Herr, habe ich eine so quälende Lust, die Dinge so zu sehen, wie sie sich geben mögen, ehe sie sich mir zeigen. Sie sind da wohl schön und ruhig. Es muss so sein, denn ich höre oft Leute in dieser Weise von ihnen reden." Die große sprachphilosophische und erkenntnistheoretische Frage der Beziehung zwischen „Vorstellungen" und der Welt der Dinge „ehe sie sich … zeigen", ist das Kernstück der hier skizzierten Sprech- und Sprachkrise der ersten Stufe, wie sie hier zu rekonstruieren versucht wird. Das „Unsagbare" als eine Welt vor ihrer Erfahrung ist eine apriorische Wirklichkeit vor ihrer empirischen und sprachlichen Dimensionierung (den „so hinfälligen Vorstellungen" (Franz Kafka)) und hat insofern Analogien zur kantischen Konzeption des „Ding an sich vor der Welt der Erscheinungen".

Die erste Stufe der Sprachkrise wird bei Hugo von Hofmannsthal in seinem berühmten Chandos-Brief" deutlich. In diesem Brief von 1902 hat Hugo v. Hofmannsthal ein Problem aufgeworfen, das völlig unlösbar erscheint: die Frage nämlich, wie angesichts der Unfähigkeit von Wörtern und Begriffen das Wirkliche als es selbst sprachlich zu erreichen, sprachlich fundiertes geistig-seelisches Leben überhaupt möglich ist. Es scheint dem jungen Briefschreiber, in gewissem Sinne Hugo von Hofmannsthal selbst, in einer Schreibkrise, in einer Verzweiflungssituation, eine ausweglose Situation vorzuliegen: so, als – fände er wirklich die geeignete Sprache, um dieses Problem zu lösen (aber er hält es eben für unmöglich): er werde Engel niederzwingen können („..., dass ich in Worte ausbrechen möchte, von denen ich weiß, fände ich sie, so würden sie jene Cherubim, an die ich nicht glaube, niederzwingen, ...").

Die zentrale Aussage in diesem Brief des Phillip Lord Chandos an Francis Bacon ist, dass durch eine seelische Krise ein Wirklichkeitsverhältnis entstanden ist, in dem keine Sprache mehr vorhanden ist, das Erlebte auszudrücken und dass eine unsprechbare Sprache geahnt wird, „von deren Worten mir auch nicht eines bekannt ist, eine Sprache, in welcher die stummen Dinge zu mir sprechen, und in welcher ich vielleicht einst im Grabe vor einem unbekannten Richter mich verantworten werde.", quasi eine Sprache, die das Eigentliche dieses Lebens würde aussagen können, sozusagen eine Sprache der „wirklichen" „Ontologie". Die hier beschriebene Sprachkrise (der ersten Stufe) erscheint in diesem Text nicht traumatisch bedingt, sondern sie entsteht aus einer geistig-seelischen inneren Bewegung heraus spontan. Sie tritt auf als Prozess der Desillusionierung. Das vertraute Verhältnis des Gleichgewichts zwischen dem Leben und den „geistigen Zieraten in Büchern, Handschriften oder Gesprächen" löst sich auf und es entsteht zuerst das Phänomen einer scheinbaren Wirklichkeitsentfremdung („Es zerfiel mit alles in Teile, die Teile wieder in Teile, und nichts mehr ließ sich mit einem Begriff umspannen. Die einzelnen Worte schwammen um mich; sie gerannen zu Augen, die mich anstarrten ...") Dieser Dissoziations- und Entfremdungsprozess geht allerdings einher mit einem eigentümlichen Vorgang der Radikalisierung im Wirklichkeitsverhältnis, einer Art „Hyper-Aisthesis". Diese Überempfindung beschreibt der Briefautor so: „Mir erschien damals in einer Art von andauernder Trunkenheit das ganze Dasein als eine Art große Einheit: geistige und körperliche Welt schien mir keinen Gegensatz zu bilden ... Überall war ich mitten drinnen, wurde nie ein Scheinhaftes gewahr." Es kommt zu einer Art von Wirklichkeitszuwachs durch ein Eintauchen in eine kosmische Harmonie von allem mit allem, die sich aber jeder Beschreibbarkeit entzieht und eine Unmittelbarkeit an sich hat, für die die Worte fehlen. So erscheint „jede Kreatur ein Schlüssel der anderen ...", es kommt (kompensatorisch zum Phänomen der Entfremdung in der „Sprachkrise der ersten Stufe", dem Zerfall von „natürlichem Bewusstsein" (Hegel) heraus aus dem ursprünglich als „vertraut" empfundenen Wirklichkeits- verhältnis) zu einem eigentümlichen Phänomen des Einsinkens in eine Totalität der Einheit des Ganzen. Die Sprachkrise führt dabei zu einem Zustand der Aporie, zum Phänomen des Nicht- mehr-sprechen-Könnens, des in der Unsagbarkeit Verharrens: „Aber was versuche ich wiederum Worte, die ich verschworen habe!".

Eine Lösung dieses Problems findet Hugo von Hofmannsthal in seinem Lustspiel „Der Schwierige", in dem gezeigt wird, dass es einen transzendierenden Umgang mit der beschriebenen Sprachkrise dadurch gibt, dass es eine Vermittelung zwischen den verschiedenen Modalitäten von Sprachen und ihren Sprachverweigerungen dadurch geben kann, dass man sich gewissermaßen immer wieder „dazwischen" aufhält und damit Sagbarkeiten erzeugt, die sich allerdings nicht ausbuchstabieren lassen.

Mit dem Lustspiel „Der Schwierige" von 1919, also ca. 17 Jahre nach dem „Chandos-Brief" geschrieben, findet Hugo von Hofmannsthal diese „Sprache": es ist dies die Sprache des „Schwierigen", die allerdings eines liebenden Engels (Helene

Altenwyl) bedarf, damit seine Sprache verstanden wird, die von dem Germanisten Wilhelm Emrich – meinem Vater – so charakterisiert wurde: „Die Dichtung … bereichert weder unser Wissen, noch macht sie uns tüchtig im Handeln. Und doch macht sie gerade uns erst zu Menschen, öffnet den Blick für das, was wir selbst sind oder sein können, was menschenwürdiges Leben letztlich bedeutet. Dichtungsinterpretation ist daher im höchsten Sinne Menschenformung. Sie setzt freilich voraus, dass der Interpret gleichsam zwischen den Zeilen zu lesen versteht, ja, seine eigenen begrenzten Setzungen ihr gegenüber infrage stellen kann. Denn keine einzige Aussage repräsentiert sie ganz. Erst in der Fügung aller ihrer Teile kann sie verstanden, in zulänglich deutende Rede übersetzt werden." (W. Emrich: „Hofmannsthals Lustspiel „Der Schwierige" in „Protest und Verheißung", Athaeneum Verlag, 1968).

Die Sprachprobleme, die Hugo von Hofmannsthal hier beschreibt, berühren einen sprachtheoretischen Aspekt, der darauf beruht, dass Sprache in zweierlei Weise aufgefasst werden kann: einmal so, dass sie reine „Begriffssprache" ist; diese fährt mit ihren Abstrakta quasi über die Generalisierungen und Kategorialisierungen von Wirklichkeit hinweg. Sprache ergreift dann nicht das Einzelne, das Wesenhafte, das Besondere. Sprache kann andererseits aber bedeuten, den Versuch zu beinhalten, zur „Ontologie des Wirklichen" vorzudringen, sich mit dem „Sein des Seienden" zu befassen. Diese Art von Sprache ist das, was Rainer Maria Rilke in seinem Zerrissenheitsroman „Die Aufzeichnungen des Malte Laurids Brigge" darstellt, in dem Malte eine besondere Art von Sprache „lernen" will. Es geht um die Eröffnung einer neuen Welt, es geht um Verse auf der Grundlage von Weltwissen, von Daseinswissen. Beim späten Rilke werden Begriffe wie Tod,

Gericht, ja Gegenstände personifiziert. Sie bekommen einen Status von eigenständigen Wesenheiten (Theorie des Weltinnenraumes; „jedes Ding hat seine Würde"). Es geht um eine „Entabstrahierung des Lebens".

Dieses Phänomen, als geradezu traumatisch beunruhigende Fragestellung, wie kann ich zur Konkretheit des Lebens selbst mit Hilfe der Abstrakta der Sprache vordringen, hat einen Hintergrund, der mit dem Status von Realität, mit der quasi intimen Auffassung von „Wirklichkeit" zu tun hat: Welchen Zugang habe ich zur Realität? Möglicherweise ist das Hauptthema von Sprech- und Sprachkrisen, der Bewältigung von Unsagbarkeiten, dass der/die Betroffene dafür eine Intuition für sich und andere gewinnen will (oder soll), d.h. nicht nur ein abstrahierbares kognitives „Wissen um" sich und andere zu erwerben, sondern eine seelische Realität zu erlangen, eine Gefühls-Wahrheit, die nur in einer nicht verallgemeinerbaren Form zum Ausdruck gebracht werden kann, wie wir das z.B. von der Musikphilosophie her kennen. Sprech- und Sprachkrisen dieser Art haben wahrscheinlich den „Sinn", dem Menschen in dieser Situation eine seelische „Form" zu geben, in der er an seinem Realitäts-Kontakt zweifelt und verzweifelt. So ist bereits bei Jean Paul Sartre in seinem Flaubert-Werk „Der Idiot der Familie" die Hauptaussage diejenige, dass Flaubert als Kind erst einmal die Sprache verweigert, weil er der Aussagekraft der Worte misstraut; d.h. weil er meint, dass die Worte die Realität nicht in ihrem wesentlichen Gehalt erfassen. Ihm ging es in diesem Sinne um einen konkreteren, genaueren Realitätskontakt.

Vom neurokognitiven Standpunkt aus lässt sich ergänzen: Wörter sind wie „Münzen", die etwas „Ausgemünztes" „bedeuten". Aber das Bedeutete geht nicht auf in dem, was wir

„meinen". Es gibt eine Differenz zwischen dem gemeinten Gegenstand und dem Begriff des Wortes. Wie kann mit dieser Differenz umgegangen werden? Die Lösung liegt darin, dass wir in der Art des Sprechens, der Art der assoziativen Anwendung der Wörter den eigentlichen Gegenstand, das wirklich Gemeinte, andeuten können. Der Hörer, im Falle des Lustspiels „Der Schwierige" der interpretieren Hörer, im Lustspiel selber Helene Altenwyl, können, „zwischen den Zeilen lesend" die eigentliche Bedeutung erraten. Dies wird in der Hofmannsthalschen Lösung des Problems auf unnachahmliche Weise gezeigt. Gerade im Versagen der Sprache macht sich das Eigentliche des Sprechens geltend.

Die beschriebenen verschiedenen „Sprach-Domänen" des Menschen und deren Inkongruenzen, bei denen man zwischen den Zeilen lesen muss, um zu verstehen, spielen in „Der Schwierige" die zentrale Rolle. Wie vermitteln sich diese verschiedenen Sphären unseres Lebens miteinander? Ursula Renner spricht in ihrem Nachwort (Reclam Universalbibliothek 2000) unter dem Titel „Sprechen ist ein ungeheurer Kompromiss" von jener „den Worten gegenüber so viel verlässlicheren Körpersprache" („Das alte Faktotum Lukas sucht mit Noblesse in die Tricks und Gewohnheiten seines Herrn einzuweisen: 'Der kramt in Schubladen, wenn er schlecht gelaunt ist, hängt Bilder gerade, taucht plötzlich im Zimmer auf ...'"). Man könnte in diesem Zusammenhang von einer „Transmodalität von Sprachen" reden, deren Unübersetzbarkeiten zu Missverständnissen führen müssen („Hans Karl: ...das Ganze ist so ein unentwirrbarer Knäuel von Mißverständnissen. Ah, diese chronischen Mißverständnisse!").

Um diese Situation näher in den Blick zu nehmen, ist es erforderlich, sich mit den „Koppelungen" der verschiedenen

Sprachsphären zu beschäftigen. Die Missverständnisse, Sprachlosigkeiten (Immer wieder wird im Stück von Hugo von Hofmannsthal notiert „schweigt"; z.B. „Crescence. ... wenn die Ehe annulliert werden könnt, du würdest sie heiraten. *Hans Karl schweigt.*" An anderer Stelle: „Neuhoff. Einmal sehe ich sie, wie Gott sie geschaffen hat, Leib und Seele. Ein Schauspiel für Götter... (Helene schweigt)") und Unsagbarkeiten (nach Hans Karl Bühls Auffassung beruht das Reden „auf einer indezenten Selbstüberschätzung") lassen sich im „Schwierigen" unter der Perspektive der Übergänge, der Koppelungen[1], der Risse diskutieren, die in der ritualisierten Welt dieses Fin de Siecle-Stückes immer wieder auftreten. Hier einige Beispiele: im Gespräch zwischen Crescence, Hans Karls Schwester, und ihm selbst über die Beziehung zu Helene Altenwyl versucht Hans Karl die Beziehung zu Helene zu bagatellisieren: „Sie ist doch eine Art von Kusine, ich hab sie so klein gekannt – sie könnte meine Tochter sein. (Sucht in der Lade nach etwas) ... Crescence. Sie wird ihn (Neuhoff) heiraten. (Hans Karl stößt die Lade zu)." Hier ist also die Körpersprache der gesprochenen Sprache dialektisch zugeordnet und macht für den aufmerksamen Betrachter bereits deutlich, wie das Stück enden wird. Ein deutliches Beispiel für diese Frage nach Koppelungen findet sich im Dialog zwischen dem Neffen Stani und Hans Karl Bühl, wo es heißt: „Stani. Der Entschluß muß aus dem Moment hervorgehen. Gleich oder gar nicht, das ist meine Devise! Hans Karl. Mich interessiert nichts auf der Welt so sehr, als wie man von einer Sache zur anderen

---

[1] Ein Beispiel für diese „Übergänge zwischen verschiedenen „Sprachen" sind in der kognitiven Neurobiologie (der Hirnforschung) die Kognitions-Emotionskoppelung und Emotions-Kognitionskoppelung (Denkfühlen / Fühldenken), die auf spezielle neuropsychologische Mechanismen im Zentralnervensystems bezogen werden.

kommt. ..." Diese Übergänge, wie der zwischen Entschluss und Handlung, haben mit der Frage nach der Kohärenz zwischen den verschiedenen Aussagesphären unseres Lebens zu tun und der Undurchschaubarkeit dessen, welche von ihnen sich letztlich durchsetzt. Ein Beispiel hierfür ist auch der Umgang mit Briefen in diesem Theaterstück, als einer wenn man so will „kristallisierten Sprache" („Hans Karl. Aber so habe ich mich doch gar nicht ausgedrückt. Das waren doch niemals meine Gedanken! ... Agathe. Auf die Worte kommts nicht an. Aber den Sinn haben wir gut herausbekommen. Diesen demütigenden Sinn ...") Dabei geht es insbesondere auch um den Umgang mit solchen Briefen: „Agathe. Oh Gott, in der Hand eines Sekretärs sind diese Briefe! Das dürfte meine Frau Gräfin nie erfahren! Hans Karl. Die Briefe sind natürlich eingesiegelt. Agathe. Eingesiegelt! So weit ist es schon gekommen?"

Ein anderes Beispiel für „entfremdetes Sprechen" ist Hans Karl Bühls Aversion gegen das Telefon: „Lukas, abstellen! Ich mag diese indiskrete Maschine nicht!"

Das Stück gipfelt in einer besonderen Form einer dem Zuschauer vorenthaltenen „Koppelung", nämlich dem fehlenden Kuss der Verlobten als größtem Riss zwischen gesprochener Sprache und Körpersprache als einer Art Unsagbarkeit im Wirklichen. Der fehlende Kuss wird durch eine Umarmung der nächsten Verwandten substituiert. So sagt Stani: „Eine Verlobung kulminiert in der Umarmung des verlobten Paares. – in unserm Fall ist das verlobte Paar zu bizarr, um sich an diese Formen zu halten. Mamu, Sie ist die nächste Verwandte vom Onkel Kari, dort steht der Poldo Altenwyl, der Vater der Braut. Geh Sie sans mot dire auf ihn zu und umarm Sie ihn, und das ganze wird sein richtiges, offizielles Gesicht bekommen ... *Crescence eilt auf Altenwyl zu und umarmt ihn. Die Gäste stehen überrascht.*"

Neben (oder hinter) der hier dargestellten philosophisch-psychologischen Ebene der Frage nach Übergängen zwischen verschiedenen Sprachen in „Der Schwierige" im Sinne der angesprochenen „Transmodalität" steht aber noch eine andere, mehr psychopathologische Seite des Geschehens, nämlich der Traumahintergrund bei Hans Karl Bühl. Dieser wurde an der Front im 2. Weltkrieg in eine andere Wirklichkeit, die Realität der Front, hineingeschleudert, er erlebte beispielsweise den Ehemann seiner temporären Geliebten Antoinette, Adolf Hechingen, als Kameraden („Hans Karl. Wir waren miteinander, im Winter Fünfzehn, zwanzig Wochen in der Stellung in den Waldkarpathen, ich mit meinen Schützen und er mit seinen Pionieren, und wir haben das letzte Stückl Brot miteinander geteilt. Ich hab sehr viel Respekt vor ihm bekommen. Brave Menschen hats draußen viele gegeben, aber ich habe nie einen gesehen, der vis-à-vis dem Tod sich eine solche Ruhe bewahrt hätte, beinahe eine Art Behaglichkeit.") Hans Karl erlebt an der Front eine Verschüttung, innerhalb derer er einen sein ganzes Leben verändernden Traum hat, nämlich den, mit Helene Altenwyl verheiratet zu sein; und dieser Traum und dieses Trauma verändern sein Leben und seine Persönlichkeit in einer Weise, die seine Schwester so beschreibt: „Sei Er gut, Kari, hab Er das nicht mehr, dieses Unleidliche, Sprunghafte, Entschlußlose, daß man sich hat aufs Messer streiten müssen mit seinen Freunden, weil der eine Ihn einen Hypochonder nennt, der andere einen Spielverderber, der dritte einen Menschen, auf den man sich nicht verlassen kann. – Du bist in einer so ausgezeichneten Verfassung zurückgekommen, jetzt bist du wieder so, wie du mit zweiundzwanzig Jahren warst, wo ich beinah verliebt war in meinen Bruder." Dies auch als Facette von Belegstücken für die hier verfolgte These: Trauma als

Chance. Und an einigen Stellen in dem Stück wird deutlich, wie schwer das Verschüttungstrauma für Kari Bühl tatsächlich gewesen ist, wie er es erlebt hat und wie er dadurch „geöffnet" wurde, wie er sich psychisch und in der Persönlichkeit verändert hat und sich sein Welt- und Menschenbild gewandelt hat.

4. Zur Philosophie des Unsagbaren bei Ingeborg Bachmann und Imre Kertesz

Seminar Leibniz Universität Hannover, Philosophische Fakultät, 22.4.2010

Gnomische Wendungen in der Lyrik

Der Verweis auf Unsagbares setzt einen fundierten Umgang mit den Möglichkeiten und Grenzen des etwas Sagens voraus. Im Sagen von etwas als einem intentionalen Gegenstand läuft das Ungesagte gewissermaßen mit; dies noch nicht als ein Unsagbares, sondern zunächst als ein nur Ausgespartes, so wie wenn ich mich entscheide, das eine auszuleuchten, das andere aber im Dunkeln zu belassen. Allerdings steckt im Sagen von etwas bereits der Keim von dessen Gegenteil, vom „Anderen seiner selbst". Dies ist nicht nur eine Frage nach dem ‚Subtext', dem Untertext im Sinne von Stanislawski, der mitschwingt und das Gesagte vollendet, ergänzt, ja es vielleicht sogar falsifiziert. Es geht auch um den hegelschen Gedanken der Antinomie, die sich darin ausspricht: Die Sache hat an ihr selbst ihr Gegenteil; was Goethe einmal so formulierte: „Jedes ausgesprochene Wort ruft seinen Gegensinn hervor." Mit alledem sind aber die Worte noch nicht gefunden für das, was beansprucht, durch Worte nicht gefunden werden zu können. Oder besser gesagt, es sind noch nicht die Notwendigkeiten und Grenzen dessen aufgezeigt, was seine eigene Unsagbarkeit zu verteidigen hat. Bei Ingeborg Bachmann – dies sei im Vorgriff gesagt – hat dies viel mit der Frage nach Traumatisierung und Rückzug zu tun. Und damit mit einer Welt der Dissoziation, der Spaltung, der Verweigerung, des Abschieds.

In der Geschichte der Lyrik gibt es eine Entwicklungslinie in der Fragestellung, inwieweit philosophische Fundamentaleinsichten und Grundprobleme sich nur in dichterischer Form und nicht in diskursiver begrifflicher Sprache ausdrücken lassen. Dieser Strang reicht von Pindars Lyrik bis zu Hölderlins philosophischer Dichtung und hat auch für das Werk Ingeborg Bachmanns eine zentrale Bedeutung.

Michael Theunissen hebt in seinem epochalen Werk „Pindar. Menschenlos und Wende der Zeit" (Theunissen 2002) die besondere Bedeutung von sog. „gnomischen Wendungen" hervor. In den Handlungssträngen z.B. der Preislieder gibt es plötzlich einen Punkt, an dem das Gedicht sich ins Allgemeine wendet, an dem eine Totaleinsicht in das Wesen des Menschen, das „Menschenlos", sich Bahn bricht; so in der späten, sogenannten achten pythischen Ode über die Menschen als ephemere Wesen, als die „ephemeroi" mit der berühmten Gnome: „Tageswesen, was aber ist einer? Was aber ist einer nicht? Eines Schattens Traum der Mensch." (P.8.95-6a, Hölderlin 2004)

Es geht um die Paradoxie, die Endlichkeit und Unendlichkeit im begrifflich-geistigen Leben verbindet; diese in einer lyrischen Ode, die primär davon handelt, wie es Menschen ergeht, die etwas anstreben, einen Sieg erringen oder auch eine Niederlage einstecken müssen. Die Ode endet mit der Überzeugung, dass das göttliche Wesen dem Leben einen Glanz verleiht, der über diese Paradoxie hinausführt, der die Transzendierung des Zeitlichkeitsproblems beinhaltet:

„Wem aber jüngst ein Erfolg zufiel,
der erhebt sich in hoffnungsbeflügeltem Mannesmut
zu überquellender Wonne, sein Trachten
lässt Reichtum hinter sich. Schnell wächst bei dem Menschen die Freude,
ebenso schnell fällt sie auch zu Boden,
wenn sie durch ein verfehltes Denken um ihren Grund gebracht wird.
Eintagswesen! Was ist einer, was ist einer nicht? Eines Schattens Traum
ist der Mensch. Aber wenn gottgeschenkter Glanz kommt,
ruht helles Licht und freundliches Dasein auf den Menschen"
(P.8.89-97) (Dönt 1986, 153)

Diese Passage setzt sich aus drei Teilen zusammen. Der erste Teil handelt von dem möglichen Erfolg und den Intentionen, die ihn tragen. Im zweiten Teil wird der errungene Erfolg durch die Einsicht relativiert, dass er niemals von Dauer ist, sondern auf ihn schnell wieder Misserfolg folgen kann bzw. muss, einmal durch das Versagen, aber zum anderen auch dadurch, dass es „irrende Absicht" gibt. Hier wird die zeitphilosophisch-ontologische Frage nach dem Sein des Menschen gestellt. Menschen sind eines „Schattens Traum". Im dritten Teil wird die zeitphilosophische Aporie durch ein zeittranszendierendes Phänomen aufgelöst, nämlich durch den „gottgesendeten Glanz".
Theunissen führt in seiner Interpretation dazu aus, dass es bei der philosophischen Exegese nicht darum gehen kann, dem Gedicht bzw. der Gnome eine metatheoretische Konzeption überzustülpen:

„Bei der Fahndung nach dem Weg, auf dem Pindar zu den Tageswesen kommt, ist durchaus auch zu prüfen, ob er diese Bedingungen erfüllt. Zugleich muß sich die Interpretation über ihren Anspruch an sich selbst klar werden. Eine philosophische Interpretation von *Dichtung* läuft ständig Gefahr, von der Basis abzuheben und mit der Konstruktion einer freischwebenden Anthropologie einen Überbau zu errichten. Inwieweit sie der Gefahr entgeht, ist daran abzuschätzen, in welchem Maße es ihr gelingt, gnomische Äußerungen eines Gedichts in dessen Bewegung aufzulösen und gerade auch den philosophischen Wahrheitsgehalt solcher Äußerungen als Resultat einer Bewegung wiederzuerzeugen." (Theunissen 2002, 58)

Bei Gedichten Hölderlins wie „Brot und Wein" und „Andenken", die durch Philosophen wie Martin Heidegger, Bruno Liebrucks und Dieter Henrich ausgelegt wurden, wird deutlich, dass das philosophische Sagen in diesen Texten unabtrennbar ist von seiner dichterischen Form. Wenn es überhaupt das Sagbare in diesen Texten gibt in dem Sinne, dass wir es wiedersagen können, dann bedarf es bedeutender diskursiver philosophischer Reflexionen, diesen Schatz zu heben, d.h. aus dem lyrisch Gesagten ein uns erreichendes Sagen zu machen; quasi den „kompetenten Hörer" in uns zu erzeugen.

Um die Grenzen des Sagbaren auszuloten, ja quasi nur anzudeuten, bedarf es einer enormen gedanklichen und sprachlichen Anstrengung, die im Werk Hölderlins in höchster Vollendung vor uns steht. Ein Beispiel hierzu finden wir in dem späten Gedicht „Andenken", bei dem die letzte Strophe eine gnomische Wendung ins Allgemeine enthält: „Es nehmet aber und gibt Gedächtnis die See, und die Lieb auch heftet fleißig die Augen, was bleibet aber, stiften die Dichter." (Hölderlin 1995,

491) Dieter Henrich hat in seinem Buch „Der Gang des Andenkens – Beobachtungen und Gedanken zu Hölderlins Gedicht" dazu Folgendes formuliert:

„'Andenken', dies späte Gedicht Hölderlins, tritt mit seinen Schlußsätzen in die Nähe der Philosophie, die Hölderlin viele Jahre zuvor erarbeitet hatte. ... Wir haben Andenken nicht als Stadium in einer philosophischen Entwicklung zu nehmen. Wir gingen nur darauf aus, verstehen zu können, wie das Gedicht aus seinem Gang und Bau die Sätze, in denen es schließt und die es so weit zu überragen scheinen, freizusetzen, wie es sie in sich zu halten und zu bewähren vermag."

Genau in diesem Sinne gilt es, den kompetenten Hörer von Gesagtem in uns zu erzeugen.
Bei Ingeborg Bachmann, die als Philosophin, lyrische Dichterin und später auch als Roman-Autorin wirkte, stellt sich das Thema des irreduzibel sprachgebundenen Ansprechens von Nicht-Aussprechbarem zum einen im Spätwerk „Todesarten", in dem philosophische, erkenntnistheoretische und existenzanalytische Problemlagen in die Textur quasi als gnomische Wendungen eingeflochten werden, zum anderen in der Radikalität später, nicht für die Veröffentlichung vorgesehener Lyrik. Zu beidem möchte ich hier etwas sagen.
In dem Riesenprojekt „Todesarten", das aus verschiedenen „tektonischen" Schichten der z.T. unvollendeten Romane „Malina", „Der Fall Franza", „Requiem für Fanny-Goldmann" und anderen besteht, gibt es eine verbindende Idee, die mit der Bewältigung unangemessenen Sprechens zu tun hat. Gemeint ist die Romanveröffentlichung durch den früheren Lebensgefährten Max Frisch „Mein Name sei Gantenbein", in dem die Dichterin zu

einem Romansujet degradiert wird. Ingeborg Bachmann macht die Frage nach der Legitimität des Protokollierens, des Etwas-über-jemanden-oder-etwas-Sagens zum Zentralthema von „Todesarten", insbesondere in dem Roman „Der Fall Franza". Damit erhält das „Unsagbare" einen ganz besonderen Status: Es bedeutet nicht nur das, welches sich entzieht, das Unerreichbare, das Nirvanahafte; es bedeutet vielmehr auch dasjenige, was unangetastet bleiben sollte, was schützenswert ist. Mit Unsagbarkeit verbindet sich demnach auch normativ die Rettung vor der exekutiven Macht der Sprache. Der Sprache auch als einer Form der „Kriegsontologie" im Sinne von Emmanuel Levinas: der begrifflichen Zerstörung des Anderen, ja sogar des anderen unserer selbst.

Die philosophischen Thesen, die in die komplexe Romanstruktur von „Der Fall Franza" eingefugt sind, beziehen sich nicht nur auf Fragen des Objektivierens von nicht Objektivierbarem; vielmehr beziehen sie sich auf die Wirklichkeitskonstruktion als eines in Frage stehenden Konstituens des Romans, ja von Leben schlechthin. Wir können dies besonders eindrucksvoll erleben anhand der Tunnelfahrt von Franzas Bruder, der die verschollene, im dissoziativen Zustand dahinvegetierende Schwester nach erzwungener Abtreibung aufsucht; eine Tunnelfahrt, die in dem philosophischen Satz kulminiert: „Denn die Tatsachen, die die Welt ausmachen, sie brauchen des Nichttatsächliche, um von ihm aus erkannt zu werden." (Bachmann 1978) Ich möchte den Aspekt des Wirklichkeitsrelativismus, der ja zugleich die enorme Kraft des Wortes belegt, die der Roman nicht nur behauptet, sondern auch durchhält, anhand einiger Passagen aus dieser Tunnelfahrt deutlich machen.

Der Weg zur „gnomischen Wendung" in der „Tunnelfahrt" des Franza-Romans

Das Einleitungskapitel des Romans (nach der extrem ausdrucksstarken Vorrede) zeigt eine in sich zerbrochene, wirklichkeitsrelativistische Erzählstruktur. Diese Frakturiertheit ist wohl als Ausdruck des seelischen, dissoziierten Zustands von Franziska Renner zu verstehen, der Frau, zu der der Bruder der Protagonistin reist. Die Wörter, die an diesem Text im Hinblick auf das „Unsagbare" besonders hervorzuheben sind, sind Wörter, die sich auf Sprache und Bewusstsein, das Innen und das Außen beziehen, so etwa: „Telegramm; Brief; Rede; Wort; Worte; Papier; Wortgeröll; Einbildungen; Kopf; Mund; Kopf; Bild; Schädeldecke; Irrtum; geschrieben; gesprochen; Tatsachen; das Nichttatsächliche." Um die Zusammenhänge deutlich zu machen, werden diese Wörter im Folgenden in ihren Kontexten zitiert, die letztlich zu der gnomischen Wendung hinführen:

„[...] ein Telegramm mußte es sein, einen Brief hatte sie nicht schreiben können [...]." (Bachmann 1978, 344)
„[...] wenn von einem jungen Mann die Rede ist, der sich ausweisen können sollte als ein Martin Ranner, aber ebenso gut Gasparin heißen könnte [...]." (Ebd., 345)
„Und da sich beweisen lässt, daß es Wien gibt, man es aber mit einem Wort nicht treffen kann [...], und Wien hier also nicht Wien sein kann, weil hier nur Worte sind, die anspielen und insistieren auf etwas, das es gibt, und auf anderes, das es nicht gibt [...]." (Ebd., 345)
„[Obwohl die Zugauskunft zugeben würde,] daß hier (wo hier?) jeden Tag Züge durch den Tunnel fahren und auch nachts, aber

diesen hier könnte sie ja nicht zugeben, den hier auf dem Papier […]." (Ebd., 345)

„Nur das Wortgeröll rollt, nur das Papier läßt sich wenden mit einem Geräusch, sonst tut sich nichts […]." (Ebd., 345)

„[…] zusammensetzen lassen aus Worten […]." (Ebd., 346)

„Das Papier aber will durch den Tunnel[…] die Worte formieren sich, […] (bei nur blauer Lampe) rollen die Einbildungen und Nachbildungen, rollen heraus aus einem Kopf, kommen über einen Mund, der von ihnen spricht und es verlässlich tut wegen des Tunnels im Kopf, […]ein Bild nur, von Zeit zu Zeit unter einer bestimmten Schädeldecke, die aufzuklappen auch wenig Sinn hätte […]." (Ebd., 346)

„[…] daß es sich bei dem Zug, aber allem anderen ebenso gut, um einen Irrtum handelt, und nun kann der Zug unserethalben fahren, indem von ihm geschrieben, gesprochen wird." (Ebd., 346)

„Denn die Tatsachen, die die Welt ausmachen, sie brauchen das Nichttatsächliche, um von ihm aus erkannt zu werden." (Ebd., 346)

In dieser Zusammenstellung der Textstellen wird die ungeheure Dynamik der quasi „dissoziativen Zusammenführung" von äußeren Tatsachen (Briefen, Telegrammen) und inneren Tatsachen (das sich Formieren von Worten, die Wahnbildungen und Wahrbildungen, der Mund, die Schädeldecke, der Irrtum und das Schreiben und Sprechen) deutlich. Die Zusammenführung erfolgt in einer Weise, dass es dann plötzlich zu der gnomischen Wendung kommt, die letztlich begründet, inwiefern es gerade das Nichttatsächliche ist, von dem das Tatsächliche unseres Lebens abhängt.

Ingeborg Bachmann war nicht nur eine bedeutende Lyrikerin und Romanautorin; sie hat auch als Philosophin (Wittgenstein-Studien; Promotion zu Heidegger etc.) einen bedeutenden Rang und insbesondere im Bereich des Phänomens des durch Sprache Unsagbaren wesentliche Beiträge geleistet.

Ihr Roman „Das Buch Franza", wie er auch genannt wird, heißt nicht umsonst „Der Fall Franza"; Franziska Jordan, geb. Ranner, erlebt sich als jemand, dessen Leben zu einer Fallgeschichte, zu einer Casuistik gemacht worden ist. Cadere heißt fallen; wenn Menschen etwas „ordnen", dann sortieren sie; die Dinge fallen hinein in Sortierkörbe. Die Vielfalt des Lebens, die wir alle in uns haben, die Einmaligkeiten, die Unverwechselbarkeiten, die „Singularitäten", das Einzelne und Besondere: sie lassen sich im Sinne der Reduktion, der Rückführung, der rückführenden Vereinfachung auf Fälle, auf Fallbeispiele beziehen; das nennt man Wissenschaft. Etwas wissen heißt etwas <u>als</u> etwas wissen. Wir wissen etwas „als dieses da"; dies bedeutet sehr schnell auch eine Verkleinerung, worauf insbesondere Emmanuel Lévinas (in seinem Werk „Totalität und Unendlichkeit") hinwies. Im Leben wiederholt sich so vieles als einem schon Dagewesenen ähnlich oder sogar damit identisch, dass das Wissen von etwas „als etwas" in der Regel als Sortiervorgang erscheint. In der klassischen Metaphysik des Aristoteles sind es die Kategorien, die dafür sorgen, dass Ordnung sein kann. Katägoros aber heißt der Ankläger. Wir sind hier in einem Zusammenhang angekommen, den der Philosoph Dieter Henrich als „juridisch" bezeichnet hat - und zwar im Hinblick auf die Kategorientafeln in Kants „Kritik der reinen Vernunft" (Kant-Oberseminar, LMU München, 1980). Juridisch heißt „auf das Recht bezogen". Den Dingen soll Recht geschehen (Kleist: im „Zerbrochnen Krug", wo die Mutter Marthe die Frage stellt, ob dem zerbrochnen Krug „sein Recht geschehen" kann). Wie kann man den Dingen dieser Welt, den Dingen des Lebens gerecht werden? Eine Weise, dies zu tun, sind „Fall-Geschichten". Bei Ingeborg Bachmann heißt es, dass das Leben, ja sogar die Küsse: „Gewogen, zerlegt, pulverisiert, eingeteilt und untergebracht" werden. Lévinas, dessen Werk „Totalität und Unendlichkeit" ich schon erwähnte, spricht von der „Kriegsontologie", von der Ontologie des Krieges, wie wir sie in dem modernen (scheinbar) naturbeherrschenden Lebensgefühl abendländischer Wissenschaftlichkeit etablieren: „Im Krieg zerreißt die Wirklichkeit die Wörter und Bilder, die sie kaschieren, um sich in ihrer Nacktheit und Härte aufzuzwingen. Harte Wirklichkeit (das klingt wie ein Pleonasmus!), harte Lehre der Dinge: Sobald er ausbricht, sobald die Schleier in Flammen aufgehen, zeigt sich der Krieg als die reine Erfahrung des reinen Seins. Das ontologische Ereignis, das sich in dieser schwarzen Klarheit abzeichnet, ist die Mobilisierung der bis dahin in ihrer Identität verankerten Seienden; die absoluten Seienden werden mobilisiert, kraft eines absoluten Befehls, dem sie sich nicht zu entziehen vermögen. Die Kraftprobe ist die Probe auf die Wirklichkeit. Aber die Gewalt besteht nicht so sehr im Verletzen und Vernichten; sie besteht vielmehr darin, die Kontinuität der Person zu unterbrechen, ihnen Rollen zuzuweisen, in denen sie sich nicht wiederfinden, sie zu Verrätern nicht nur an ihren Pflichten, sondern an ihrer eigenen Substanz zu machen, sie Taten verrichten zu lassen, die jede Möglichkeit einer Tat zerstören. Wie der moderne Krieg, so verwendet schon jeder Krieg Waffen, die sich gegen den kehren, der sie in Händen hält. Der Krieg errichtet eine Ordnung, zu der niemand Abstand wahren kann. So gibt es nichts Äußeres. Der Krieg zeigt nicht die Exteriorität und das Andere als anders; er zerstört die Identität des Selben. Das Gesicht des Seins, das sich im Krieg zeigt, konkretisiert sich im Begriff der Totalität. Dieser Begriff beherrscht die abendländische Philosophie. In der Totalität reduzieren sich die Individuen darauf, Träger von Kräften zu sei, die die Individuen ohne ihr Wissen steuern. Ihren Sinn, der außerhalb dieser Totalität unsichtbar ist, erhalten die Individuen von dieser Totalität. Unaufhörlich opfert jede Gegenwart ihre Einzigkeit der Zukunft; diese ist berufen, den objektiven Sinn der Gegenwart freizusetzen. Denn nur der letzte Sinn zählt, erst der letzte Akt verändert die Seienden an sich selbst. Sie sind, als was sie in den schon erstarrten Formen des Epos erscheinen werden. . . . Die Moral erhebt sich gegen die Politik; sie geht über die Klugheit mit ihren Funktionen und über die Regel des Schönen hinaus; sie erhebt Anspruch auf Unbedingtheit und Universalität. Historisch geschieht das in dem Augenblick, in dem die Eschatologie des messianischen Friedens sich über die Ontologie des Krieges legt."

So heißt es in „Fall Franza": „Und dann ließ noch einmal ein Bomberverband, der vom Norden, aus Wien zurückkehrte, ein paar übriggebliebene Bomben fallen, die kleine Bahnstation fiel zusammen und ein steckengebliebener Eisenbahnzug voll Leute aus der Stadt wurde aus den Schienen geworfen, es zerfetzte die Leute. Dann war es wieder still, Sterben war in diesem Frühling das Gegebene und Leben auch, da es auf einmal so leicht war zu leben - mit erhobenem Kopf herumzugehen, wenn geschossen wurde, ruhig weiterzugehen, denn alle Feuer aus allen Mündungen und die abrupten Stillen danach, das war für jemand wie Franza nichts, und zum erstenmal war ihr Martin eine Last, weil er nicht verstand und sie allein mit dem Wunder blieb, so nannte sie ihre Unruhe."

Das Gegenbild dieser kategorialen, d.h. als Ankläger auftretenden Ontologie, ist die „Milde", die über den Dingen liegt („S. 221 Die Vertrautheit mit der Welt ist nicht nur das Resultat von Gewohnheiten, die man in dieser Welt annimmt, die ihr die Rauheit nehmen und die das Maß sind für die Anpassung des Lebendigen an eine Welt, die es genießt und von der es sich ernährt. Die Vertrautheit und die Intimität ereignen sich als eine Milde, die sich über das Angesicht der Dinge ausbreitet").

Man könnte sagen, einer Dichterin wie Ingeborg Bachmann ist es darum zu tun, in ihrem Werk etwas von dieser Milde aufstrahlen zu lassen.

Wie aber wird Franza zum Fall? Zum Fall werden heißt, angeklagt werden, heißt reduziert werden auf einen Allgemein-zusammenhang, der gesetzartigen Charakter hat. Die Beschreibungsweisen derartiger gesetzesartiger Zusammenhänge sind Theorien. Theorien spielen im „Fall Franza" deshalb eine wichtige Rolle; sie treten auf als Buchtitel, Arbeitsprogramme etc. („Am nächsten Tag Vortrag über das Personale. Akt der Liebe. Das sind Widersprüche. Davon wird die Welt in die Luft gehen, das Feuer ist nur zuletzt an die Lunte gekommen, das Dynamit war von der ersten Woche an vermehrt worden, das über Jahre. . . . Das ist es. Darauf könntest du schwören. Dein tyrannisches Gehirn, seine geheime Spiele zwischen Cortex und Zwischenhirn, seine vom Zwischenhirn in Gang gesetzten Akte und ihre kortikale Ausarbeitung, warum hast du von ihm gesagt Fossil, o nein, wie irrst du dich, er ist heutiger als ich, ich bin von niedriger Rasse, seit das geschehen ist, weiß ich, daß sich das selbst vernichtet, ich bin es, er ist das Exemplar, das heute regiert, das heute Erfolg hat, das von heutiger Grausamkeit ist, das angreift und darum lebt, nie habe ich einen Menschen mit soviel Aggression gesehen, so sagt man wohl, man könnte ihn einfassen, wie einen Stein, er würde das glänzend repräsentieren, das Raubtier dieser Jahre, das Rudel Wölfe dieser Jahre, da gibt es keinen Prozeß, und das hab ich begriffen, ich bin von niedriger Rasse. Oder müßte es nicht Klasse heißen? Man kann nur die wirklich bestehlen, die magisch leben, und für mich hat alles Bedeutung.")

Die Frage „Wie wird man zum Fall?" hat mit grundsätzlichen Vorentscheidungen der Erkenntnistheorie zu tun; letztlich mit Vorentscheidungen der Metaphysik. Fichte sagt einmal: „Welche Philosophie man wähle", das zeige, „was für ein Mensch" man sei. Ingeborg Bachmann startet ihre geistig seelisch intellektuelle Entwicklung als Dichterin, als Autorin ihres „Schreibprojektes" mit dem Studium der Philosophie. Sie wird sofort Expertin; und zwar sowohl für Heidegger als auch - speziell - für Wittgenstein, wie sich dies besonders in ihrem berühmten Radioessay über Wittgenstein zeigt. Da heißt es: „Was ist nun dieses Unsagbare? Zuerst begegnet es uns als Unmöglichkeit, die logische Form selbst darzustellen. Diese *zeigt sich*. Sie spiegelt sich im Satz. Der Satz weist sie auf. Was *sich zeigt*, kann nicht gesagt werden; es ist das Mystische. Hier *erfährt die Logik ihre Grenze*, und da sie die Welt erfüllt, da die Welt in die Struktur der logischen Form eintritt, ist ihre Grenze die Grenze unserer Welt. So verstehen wir den Satz: „*Die Grenzen meiner Sprache* bedeuten die Grenzen meiner Welt" (5.6.)." „Es ist das Mystische". Worum geht es hier? Das was in uns Menschen mystisch ist, was auf rationale Begriffe nicht gebracht werden kann: welchen Status kann es haben: Im Leben? In der Kultur? In der Wissenschaft? In der Kunst? Ich verweise auf einen Satz aus „Fall Franza", wo es heißt: „Man kann nur die wirklich bestehlen, die magisch leben,

83

und für mich hat alles Bedeutung." Magisch leben also bedeutet echten Besitz, bedeutet in „Bedeutungen" leben; wer rein rational lebt, dem ist nichts zu eigen. Insofern ist wirkliches Leben mit Magie verbunden. Nun dies hat ungeheure Implikationen für die Frage nach dem „richtigen Leben", nach Vorentscheidungen in Wissenschaft und Kunst. Von was soll die Metaphysik ausgehen? Dies war die zentrale Frage des deutschen Idealismus; die Antwort wurde von den sog. „Systembauern" gegeben, von Fichte, Schelling, Hegel. Schellings berühmter Satz in dieser Hinsicht lautet: „Vom Unbedingten muß die Metaphysik ausgehen." D.h. letztlich vom Absoluten, vom Numenon, vom Intelligiblen. Das Ringen um die Basis der Metaphysik bestimmt die gesamte Philosophie der Neuzeit seit Descartes, d.h. seit der Fundierung der Erkenntnistheorie durch das „cogito-sum". Bei Kant heißt das „transzendentale Deduktion der reinen Verstandesbegriffe" in der „Kritik der reinen Vernunft". D.h. von einer bestimmten Form des cogito-sum im Sinne der apriorischen Bedingungen der Möglichkeit von Erfahrung ist auszugehen.

Unsagbarkeit bei Imre Kertesz: Traumatisierung und Realität

In dem Roman „Fiasko" von Imre Kertesz geht es um die Unmöglichkeit des Traumatisierten, eine kohärente Ich-Identität zu entwickeln. Da heißt es: „Ich sah mich um: Um mich herum brodelte es nur so, alles gluckste, allenthalben summten Worte, wie in unsichtbaren Drähten unsichtbarer Telegrafenmasten, Ideen. Angebote, Pläne und Hoffnungen sprangen von einem Kopf zum anderen über, wie flimmernde elektrische Entladungen. Ja, bei diesem großen Produzieren und

Konsumieren, diesem gigantischen Stoffwechsel der Welt war ich irgendwie draußen geblieben; und in diesem Augenblick begriff ich, daß sich mein Schicksal damit entschieden hatte. Ich konsumiere nicht, und ich bin nicht konsumierbar." Und hier noch ein zweites Zitat: „Ich habe nichts zum Nachdenken. Doch langsam nimmt irgend etwas in mir Gestalt an. Wenn ich es aus dem vom Spazierengehen verursachten leichten Schwindel und eventuellen anderen Eindrücken herauslöse, stoße ich auf ein abgrenzbares Gefühl. Ich glaube, in ihm konturiert sich meine Situation. Es wäre schwer, dafür Worte zu finden – das ist es ja gerade: es nimmt Räume außerhalb der Worte ein. Es ist nicht in einer Feststellung faßbar, aber auch nicht in einer Negation. ... In gewisser Weise wird er ein anderer sein als der, an den ich bislang gewöhnt war ... er hat meine Person zum Gegenstand gemacht, mein hartnäckiges Geheimnis ins Allgemeine verwässert, eine unaussprechliche Wirklichkeit zu Zeichen destilliert".

Paul Ricoeur hat in seinem Werk „Zeit und Erzählung" ausgeführt, dass Menschen kaum eine absolute („metaphysische") Identität entwickeln können (Franz Kafka, Der Prozess, „Vor dem Gesetz": „Dieses Tor war nur für dich bestimmt"), sondern für sich eine „narrative Identität" entwickeln, d.h. eine spezifische Weise der Selbstbezüglichkeit durch Sprech-Formen im Erzählen ihrer eigenen Lebensgeschichte.

„Fiasko" ist eine Metapher für eine Struktur unseres Daseins: unser Leben selbst ist ein Fiasko, insofern wir uns immer nur in einem Vorhof des Seins, aber nie im Sein selbst aufzuhalten scheinen. Aus den traumatischen Erfahrungen des Protagonisten in „Fiasko", in gewissem Sinne des Autors selbst, ist etwas entstanden, was als radikale Metapher für Leben schlechthin zu verstehen ist: das Fiasko der Undurchdringlichkeit von Dasein. Diese Undurchdringlichkeit ist (in ähnlicher Weise wie bei Franz Kafka) das Zentrum, das Herzstück, dieses großartigen Romans. Zitat: „Mein Schicksal hätte mich … im Augenblick eingeschlossen, mich in das Fiasko versenkt wie in einen Teerkessel: Ob ich darin verkochen oder ob ich zu einem Fossil versteinern würde – das war im Grunde genommen gleich. Aber ich war nicht bedächtig genug. Und so passierte dann nicht mehr, als daß eine Vorstellung diskret in sich zusammenfiel, daß diese Vorstellung – ich selbst als Produkt meiner schöpferischen Phantasie – nicht mehr existierte; das war alles."

Bedenkt man diese Dichotomie zwischen Begriffssprache und Leben, dann könnte man formulieren: wir leben immer in einer „unerlösten Situation", wir leben in dem „Fiasko", dass unsere Sprache, unsere Begriffe, unsere Gedanken, unsere Vernunft, unser Geist uns selbst nicht zu beschreiben und uns nicht zu retten vermögen; das gilt auch für unsere therapeutische Arbeit mit unseren Patienten. Hierzu noch ein anderes Zitat: „Vielleicht ist es das – grübelte ich –, diese Wesenlosigkeit: das ist die Tragödie. … Wie könnte auch dieser Erfahrung vermittelbar sein, die gerade nicht in Erfahrung umsetzbar ist und auch nicht sein will, weil das Wesen ihrer Situation – dieser gleichzeitig zu abstrakten und zu konkreten Situation – auf der unwesentlichen und jederzeit austauschbaren Persönlichkeit beruht, für die es, an der Situation gemessen, weder Beginn noch Fortsetzung und erst recht keine Analogie gibt – die also, an der Vernunft gemessen, unwirklich ist? Vielleicht – überlege ich – müsste man eine Vorrichtung konstruieren, einen drehbaren Mechanismus, eine Falle; in ihren Gängen, auf ihren labyrinthisch anmutenden, doch stets in eine Richtung gehenden Bahnen jagen, von einer einzigen mechanischen Kraft angetrieben, in Gefangenschaft geratene Figuren wie elektronische Mäuse unaufhörlich umher. Alles rumpelt, schwankt, alle trampeln aufeinander herum, bis der Mechanismus auf einmal zerspringt ..."

Eine solche („geradezu therapeutische") Situation kann man nun aber auch als eine Chance interpretieren, über diese Form eines Lebens im „als ob", über eine Situation des „Überfliegens" hinauszuwachsen und gewissermaßen „bei sich selbst" anzukommen.

In der heute üblich gewordenen Situation des überbordenden Funktionalismus unserer Gesellschaft sind wir in der Wirklichkeit unserer selbst häufig eben gerade nicht angekommen. Das Trauma aber zerreißt die Beständigkeit der Rituale und reinen Gesten. Es zerreißt die Geltung der Fiktionalität des „als ob". Dabei ist ein „Antidot" gegen den Wirklichkeitszerfall nach Zerreißen der Stabilität des „als ob" nach dem Trauma die „Genauigkeit", die Bereitschaft, sich mit dem Konkreten des Konkreten auseinanderzusetzen. Deswegen werden bei Kertesz zu Beginn des Romans „Fiasko" die Details der Wohnung, des Lebens, der Denk-Akte so genau in ihren inneren Widersprüchlichkeiten präzise beschrieben mit immerwährenden Einschüben, Einklammerungen, Ergänzungen, bis in die Zahlenwelt hineinreichenden Konkretisierungen. Da heißt es beispielsweise: „Der Alte hatte einen ganzen Ordner voll solcher Papiere. Wie vielleicht schon erwähnt, hielt er sie im tiefsten Inneren des Sekretärs versteckt, damit sie ihm ja nicht irgendwie unter die Augen kämen. Wenn er nun gerade das Gegenteil wollte – daß sie ihm nämlich doch unter die Augen kämen –, mußte er zunächst die Schreibmaschine aus dem Sekretär heben, dann ein paar Ordner, darunter auch den mit der Aufschrift „Ideen, Skizzen, Fragmente", des weiteren zwei Pappkartons, die verschiedene Dinge enthielten (nötige und unnötige) (welche Definitionen nur durch die jeweilige Gelegenheit mit konkretem Inhalt zu versehen waren) (so daß der Alte also nie mit Sicherheit wußte, welches dieser verschiedenen Dinge nötig und welches unnötig war) (und dies um so weniger, als Jahre vergingen, ohne daß er die Deckel der beiden Kartons geöffnet und auf die darin befindlichen – nötigen und unnötigen – Dinge auch nur einen Blick geworfen hätte). So also mußte er vorgehen, damit ihm der gewöhnliche, graue, nach MNOSZ 5617 genormte Ordner mit seinen Papieren doch unter die Augen kam. Auf diesem grauen Ordner lag (oder ragte auf) (oder wölbte sich) (je nachdem, von welcher Seite man ihm betrachtete), gewissermaßen als Beschwerer, ein ebenfalls grauer – obzwar etwas dunklerer – unregelmäßig geformter Steinbrocken, über den wir nichts Befriedigendes aussagen können (etwas in der Art zum Beispiel, es sei ein vieleckiges Parallelepipedon) (also etwas, was den menschlichen Geist mit den Dingen – ohne daß er sie wirklich verstünde – versöhnlich seien Frieden machen ließe, wenn sie schon nicht wenigstens einer geometrischen Körperkonstruktion entsprechen und insofern als erledigt angesehen werden können), zumal dieser Steinbrocken durch die noch vorhandenen beziehungsweise schon abgeschlagenen Ecken, Kanten, Spitzen, Wölbungen, Riefen, Sprünge, Vorsprünge und Vertiefungen so unregelmäßig war, wie ein Steinbrocken nur sein kann, von dem man nie weiß, ob er ein abgebrochenes Stück von einem größeren Ganzen oder, im Gegenteil, ein erhalten gebliebener Überrest eines größeren Ganzen ist, das seinerseits, wie bei Fels und Berg – sicher wiederum Teil eines noch größeren Ganzen ist (verleitet uns doch letztlich jeder Stein sogleich zu urgeschichtlichen

Überlegungen) (was nicht unser Ziel ist) (wenngleich es schwer ist, der Verlockung zu widerstehen) (vor allem, wenn wir es mit einem Steinbrocken zu tun haben, der unsere versagende Vorstellung auf endliche) (oder besser anfängliche) (Anfänge, Enden, Dichteverhältnisse und Ganzheiten lenkt, damit wir letztlich zu unserer ohnmächtigen) (doch wenigstens mit der angeblichen Würde des Wissens versehenen) (Unwissenheit zurückkehren, und wie bei so vielem anderen war es auch bei diesem Steinbrocken so, daß man nicht wissen konnte, ob es sich um ein abgebrochenes Stück von einem größeren Ganzen oder, im Gegenteil, den erhaltenen Überrest von einem größeren Ganzen handelte)." (S. 24)

Diese *Genauigkeit* kann etwas Rettendes haben, kann eine Halt gebende Funktion entwickeln im Sinne von „Präsenz", Verwandlung in Gegenwart (vgl. Michael Theunissen „Negative Theologie der Zeit"; H.M. Emrich: „Die Verwandlung von Zeit in Gegenwart", Vorlesungen an der Kunsthochschule für Medien Köln, 2010).

Das „Fiasko" hat mit der Einsicht zu tun, immer im Vordergrund, im Seienden, im Beschreib- und Sagbaren anzukommen, aber nie im „Sein selbst", dem Hypokeimenon, dem Zugrundeliegenden, das Sicherheit und Substanz gewähren würde. Dabei ist die im Roman von Imre Kertesz immer wieder auftauchende Thematik „Romanschreiben" eine Darstellung des mit-sich-ins-Reine-Kommens; wobei ein Anderswerden erfolgt, eine (im Sinne von Paul Ricoeur) „narrative Identität" aus dem „Schicksallosen" entsteht (dem weichenstellenden Roman von Imre Kertesz). Dieses Anderswerden hat sehr spezifische Eigenschaften, die das

Geistes- und Weltverhältnis von Menschsein schlechthin in der Moderne beschreiben. Welche sind das?

Wir leben in einer Wirklichkeit, in der die Worte, die Begriffe, das Denken, übermächtig werden. Dies führt zu einer besonderen Art von "Fiasko". Die Welt ist fundamental geteilt: „Wirklichkeit selbst" vs. die Wirklichkeit als Konstrukt der Begriffe des Geistes. Das „natürliche Bewusstsein" (hat damit keine Probleme; denn wenn ich sage „da kommt ein Hund", dann habe ich damit etwas „angedeutet"; und das natürliche Bewusstsein hat mit dieser Doppelung der Welt (R.M. Rilke spricht von der „gedeuteten Welt")[2] auch gar kein Problem; denn es kennt den ungeheuren Reichtum der wirklichen Welt und sieht in den „Andeutungen" der Sprache im Hinblick auf die Wirklichkeit des Lebens keine echte Konkurrenz sondern nur darin eine <u>andeutende sinnvolle Ergänzung</u>.

In der Moderne hat sich dieses natürliche Wirklichkeits- und Sprachverhältnis aber weitgehend aufgelöst. Hier entsteht eine *absolute Parallelität von Sprache und Leben*, wie sie in den Werken großer Dichter aufgewiesen wird.[3]

---

[2] In diesem Sinne kann man fragen: Worum geht es in Franz Kafkas weichenstellender Erzählung „Beschreibung eines Kampfes"? Geht es nicht im Grunde weniger um den Kampf zwischen zwei Protagonisten, sondern um den Kampf um Realität? Um eine Realität jenseits des Abstrakten? Geht es um die Undurchdringlichkeit von „wirklicher Wirklichkeit"?

[3] Zitat von Virginia Woolf aus „Wellen": „Mein Buch, vollgestopft mit Sätzen, ist auf den Boden gefallen. Es liegt unterm Tisch und wird von der Putzfrau weggefegt werden, wenn sie müde bei Tagesanbruch kommt und nach Papierfetzen Ausschau hält, nach alten Trambillets und dem einen oder anderen zusammengeknüllten Notizzettel, der zurückblieb, um mit dem Abfall weggefegt zu werden. Wie heißt der Satz für den Mond? Und der Satz für die Liebe? Bei welchem Namen sollen wir den Tod nennen? Ich weiß es nicht. Ich

brauche eine kleine Sprache, wie Liebende sie verwenden, einsilbige Wörter, wie Kinder sie sagen, wenn sie ins Zimmer kommen und ihre Mutter beim Nähen finden und einen Rest bunter Wolle in die Hand nehmen, eine Feder oder einen Streifen Chintz. Ich brauche ein Aufheulen; einen Schrei. Wenn der Sturm über das Marschland fährt und über mich hinfegt, dort, wo ich unbeachtet im Graben liege, brauche ich keine Wörter. Nichts Säuberliches. Nichts, das mit allen Füßen auf dem Boden landet. Keine dieser Widerklänge und lieblichen Echos, die sich brechen und Nerv um Nerv in unserer Brust zum Klingen bringen, wilde Musik machen, falsche Sätze. Ich bin fertig mit den Sätzen."

5. Unsagbarkeit des Schönen – Musik und das Unsagbare –

30 Jahre L´Art pour L´Art, 17.5.2013, NDR Hannover

Der Begriff des Schönen ist in den letzten Jahrzehnten ins Wanken geraten. Der hohe Gedanke, den die Weimarer Klassik entwickelt hat über die Einheit des Schönen, Wahren und Guten ist zerbrochen. So hat prophetisch bereits Friedrich Schiller im Jahre 1799 in einem Gedicht, einer Nänie, vom „Tod des Schönen" geredet. Was aber tritt heute an die Stelle dieses Ideals über das „Wesen der Kunst" und die Sagbarkeit dessen, was die Musik ertönen lässt? Mit dieser Frage möchte ich mich hier ein wenig beschäftigen, nämlich mit dem Phänomen musikalischer Ästhetik und der Eigentümlichkeit ihrer Sprache.

„Unsagbarkeit" ist ein Bereich der Philosophie, mit dem ich mich seit einigen Jahren – zusammen mit meinem Freund und Kollegen, dem Philosophen Wiebrecht Ries – in Vorlesungen und Seminaren an der Leibniz Universität Hannover beschäftige. Gerade große Dichter und Sprachphilosophen haben Krisen durchgemacht, in denen sie von der Unsagbarkeit dessen sprechen, was sie „eigentlich" sagen wollen. So hat beispielsweise Hugo von Hofmannsthal in seinem berühmten „Chandos-Brief" so etwas formuliert und später hat Ingeborg Bachmann in ihren Todesarten-Romanen (z.B. in dem Roman „Der Fall Franza") eine derartige Krise der Aussagemöglichkeiten durch Sprache ausgedrückt. Es wird von der Unsagbarkeit dessen gesprochen, was die eigentlichen, die wirklich hinter- und untergründigen Gegenstände des Sprachkunstwerkes ausmacht.

So sagt Hugo von Hofmannsthal in seinem Chandos-Brief: „…, dass ich in Worte ausbrechen möchte, von denen ich weiß, fände ich sie, so würden sie jene Cherubim, an die ich nicht glaube, niederzwingen, …"

Bei der Musik liegt nun aber ein besonderer Fall vor: in der eigentümlichen „Sprache" der Musik wird etwas gesagt, was auf keine andere Weise (und schon gar nicht begrifflich) noch einmal gesagt werden könnte. Man kann das auch so formulieren: Musik erzählt genau das, was sie meint, aber sie kann es nicht noch einmal in einer anderen Sprache sagen. Und Dichtung kann mit der Sprache der Wörter nicht völlig das ausdrücken was sie meint, aber sie kann es merkwürdiger Weise dennoch „erzählen". Musik ist nicht eine Information, die übertragen wird, sondern Musik ist zentral „ein Wesen" (in uns), wie dies Arthur Schopenhauer in seinem Werk „Die Welt als Wille und Vorstellung" herausragend formuliert hat, indem er sagte, er sei „in der ganzen Darstellung der Musik bemüht gewesen", „deutlich zu machen", dass die Musik „in einer höchst allgemeinen Sprache das innere Wesen, das An-sich der Welt … ausspricht, in einem eigenartigen Stoff, nämlich bloßen Tönen:" … „eine vollständige und richtige Wiederholung und Aussprechung des Wesens der Welt."

Musik ist gewissermaßen ontologisch konstituiert; und damit ist klar: eine Information kann schön oder hässlich sein, kann schön oder hässlich verpackt sein und ästhetisch oder unästhetisch daherkommen, aber Musik, als Wesen, gehorcht ihren eigenen immanenten Gesetzen, einer quasi „inneren Schönheit", die aus dem Kunstwerk heraus abstrahlt und uns zentral ergreift.

Wie verhält es sich nun ganz generell in der künstlerischen Ästhetik hinsichtlich der Frage nach einer Unsagbarkeit des Schönen?

Das „Schöne" ist schon deswegen unsagbar, weil es das Schöne eigentlich gar nicht gibt, nicht geben kann. Schön erscheinen uns Vorgänge und Gegenstände. Diese mögen uns schön erscheinen, aber das ist eine Eigenschaft, die *wir* ihnen zuordnen. Wenn es aber nun schon das Schöne nicht geben kann, dann gibt es doch die Eigenschaft, schön zu sein, indem wir einem Gegenstand, oder Vorgang, es gewähren, (uns) schön zu erscheinen. Man könnte formulieren: *Schönes gibt es, sofern wir es dazu machen.*

Wie ist das aber nun mit dem Schön-seienden in der Musikästhetik, wenn wir bedenken, dass das, was wir da erleben, letztlich ein Metaphysikum ist, das sich jedem gedanklich-zugriffhaften Geschehen in uns weitestgehend entzieht? Wie lässt sich dies beschreiben? Für Arthur Schopenhauer, einem der wenigen Philosophen, die ernsthaft versucht haben, zur Musikphilosophie einen tieferen Beitrag zu leisten, erscheint Musik wie gesagt als ein „Wesen", also als ein Metaphysikum sui generis, welches ist was es ist. Wie aber sollen wir dann erfahren, in welcher Weise es (für uns) „schön" ist? Hier können wir uns noch einmal auf die ästhetische Theorie von Friedrich Schiller beziehen, der in seinen Briefen zur ästhetischen Erziehung in einer an Immanuel Kant angelehnten transzendentalen Deduktion versucht hat zu zeigen, dass das Erlebenkönnen von Schönem gewissermaßen eine apriorische Bedingung der Möglichkeit von Menschsein bedeutet. So sagt Schiller in seinem 21. Brief zur ästhetischen Erziehung: „Es ist also nicht bloß poetisch erlaubt, sondern auch philosophisch richtig, wenn man die Schönheit unsere zweite Schöpferin nennt. Denn ob sie uns gleich die Menschheit bloß möglich macht und es im übrigen unserem freien Willen anheimstellt, inwieweit wir sie wirklich machen wollen, so hat sie dieses ja mit unserer ursprünglichen Schöpferin der Natur gemein, die uns gleichfalls nichts weiter als das Vermögen zur Menschheit erteilte, den Gebrauch desselben aber auf unsere eigene Willensbestimmung ankommen lässt."

Was bedeutet dies wiederum für die Musikphilosophie? Denken wir an den Mythos, denken wir an die Bedeutung von Orpheus im Hinblick auf Eurydike: hier ist die Musik fast allmächtig durch eine Eigenschaft, die dem Schönen wohl sehr nahekommt: sie kann Menschen und Dämonen bezwingen. So schreibt Rainer Maria Rilke in seinen Sonetten an Orpheus:

„Da stieg ein Baum. O reine Übersteigung!
O Orpheus singt! O hoher Baum im Ohr!
Und alles schwieg. Doch selbst in der Verschweigung
ging neuer Anfang, Wink und Wandlung vor."

Und Heinrich von Kleist beschreibt in seiner Novelle über die Heilige Cäcilie und die Gewalt der Musik ein musikalisches Geschehen als einen übersinnlichen quasi hyperästhetischen Vorgang mit folgenden Worten: „Demnach kam es wie ein wunderbarer himmlischer Trost in die Herzen der frommen Frauen; sie stellten sich augenblicklich mit ihren Instrumenten an die Pulte; die Beklemmung selbst, in der sie sich befanden, kam hinzu, um ihre Seelen wie auf Schwingen durch alle Himmel des Wohlklangs zu führen: das Oratorium ward mit der höchsten und herrlichsten musikalischen Pracht ausgeführt". Übrigens hat dieses gewalthaft-einschmeichelnde Wesen des Musikalischen Lew Tolstoj wiederum veranlasst, in seiner Novelle „Kreutzersonate" zu sagen, man müsse Musik im Grunde verbieten oder staatlich kontrollieren; dies mit folgenden Worten:

„Posdnyschew stockte und brachte ein paarmal hintereinander seine charakteristischen Töne hervor. Dann wollte er weiterreden, zog aber plötzlich die Luft geräuschvoll durch die Nasen und stockte wieder.

»Sie spielten die Kreutzersonate von Beethoven«, fuhr er endlich fort. »Kennen Sie das erste Presto? Sie kennen es?« rief er. »Huhuhu! Ein furchtbares Werk ist diese Sonate. Und gerade dieser Teil. Und die Musik überhaupt ist etwas Furchtbares! Was ist sie? Ich verstehe es nicht. Was ist die Musik? Was bewirkt sie? Und warum wirkt sie so, wie sie wirkt? Man sagt, die Musik wirke erhebend auf die Seele. Das ist nicht wahr, das ist Unsinn! Sie wirkt, sie wirkt furchtbar – ich rede aus eigener Erfahrung. … Man singt eine Messe, ich empfange das Abendmahl, und die Musik ist aus. Sonst aber gibt sie nur den Reiz; das aber, was man auf diesen Reiz hin tun soll, zeigt sie nicht. Und darum wirkt die Musik mitunter so furchtbar, so entsetzlich. In China ist die Musik eine staatliche Angelegenheit. Und so muß es auch sein. Ist es denn gestattet, daß jeder, dem es einfällt, einen andern oder viele andere hypnotisiert und dann mit den Leuten macht, was er will? Und vor allem: darf denn der erste beste sittenlose Mensch dieser Hypnotiseur sein?"

Wie kann man denn nun, gedanklich, dieses Problem der Unsagbarkeit des Schönen tiefer angehen – vielleicht sogar einer Lösung näherbringen? Wie bereits angedeutet: Friedrich Schiller hat im Anschluss an sein Konzept der ästhetischen Erziehung anhand seiner Nänie von 1799 über den Tod des Schönen hierzu einen interessanten Gedanken entwickelt, bei dem man ketzerisch fragen kann: wieso kann etwas sterben, das es gar nicht gibt?

Hierzu ist es erforderlich, sich den Schönheits-idealistischen Standpunkt Schillers zu vergegenwärtigen. Für Schiller ist ja das Schöne gar kein realer Gegenstand sondern eine geistige Konzeption – eine Idee – ein Numenon im Sinne von Immanuel Kant. So schreibt Schiller am 21. Dezember 1792 in einem Brief an Körner: „Über die Natur des Schönen ist mir viel Licht aufgegangen, so dass ich dich für meine Theorie zu erobern glaube. Den objektiven Begriff des Schönen, der sich eo ipso auch zu einem objektiven Grundsatz des Geschmacks qualifiziert, und an welchem Kant verzweifelt, glaube ich gefunden zu haben." Kurz danach schreibt Friedrich Schiller die berühmte Nänie von 1799, die mit folgenden Worten beginnt:
„Auch das Schöne muß sterben! Das Menschen und Götter bezwinget,
Nicht die eherne Brust rührt es des stygischen Zeus. Einmal nur erweichte die Liebe den Schattenbeherrscher, Und an der Schwelle noch, streng, rief er zurück sein Geschenk."

Es heißt dann später weiter:
„Siehe! Da weinen die Götter, es weinen die Göttinnen alle, Daß das Schöne vergeht, daß das Vollkommene stirbt."

In dieser Situation liegt eine tiefe Ambivalenz. Wie lässt sie sich verstehen? Schillers doppelgleisige Interpretation des Schönen beinhaltet, dass es um die Realisation des Schönen in der immanenten Welt nicht immer gut bestellt ist, dass es hier die uns inzwischen bekannten kaum lösbaren Probleme gibt.

Schiller geht von einer ästhetischen Idealwelt aus und stellt sie der Realität gegenüber. Damit ist das Ergriffenwerden durch musikalische Wahrheit das Schöne, das unsagbar Schöne am Kunstwerk.

Ingeborg Bachmann beschreibt dies so: „Was aber ist Musik? Was ist dieser Klang, der dir Heimweh macht? Wie kommt´s, daß du in deinen Todesstunden wieder nach der Nachtigall rufst und dein Fieber wild aus der Kurve springt, damit du sie noch einmal im Baume sehen kannst, auf dem einzigen hellen Zweig in der Finsternis? Und die Nachtigall sagt: „Tränen haben deine Augen vergossen, als ich das erste Mal sang!" So dankt sie dir noch, der du zu danken hast, denn sie vergißt es dir nie." (kompletter Text siehe Seite 11-12)

6. Psychiatrie im Film: Das Unsagbare und die Musikalisierung des Lebens in Sergej Paradjanovs Film Die Farbe der Granatäpfel"

Vortrag Essen, 2.9.2003

1.0 Einleitung

Psychiatrie und Film: das ist eine Verbindung „sui generis", eine besonders intensive Begegnung zwischen zwei Erlebnisbereichen unserer Kultur, wobei man sagen kann: da haben sich zwei gefunden, die einander wirklich viel zu sagen haben.

Dabei geht es eben gerade nicht nur darum, dass psychische Krankheiten in Filmen dargestellt werden, wie beispielsweise in Ingmar Bergmans Film „Herbstsonate" oder im Gegenwartsfilm „A beautiful mind", sondern große Filmemacher haben schon immer die Psychiatrie als Folie benutzt, um Fundamentalprobleme unseres Lebens darzustellen, wie Ingmar Bergman in „Persona" oder Milos Forman in „Einer flog über das Kuckucksnest" und Hans Weingartner in „Das weisse Rauschen". Große Filmautoren gehen aber gelegentlich noch darüber hinaus: sie beschäftigen sich auch mit den zugrundeliegenden Theorien über die psychischen Krankheiten: so intensiv, dass in den Filmen sogar Korrekturen, Theorieverbesserungen vorgeschlagen werden, wie dies in der Freud-Kritik Alfred Hitchcocks in seinem ganzen Werk deutlich wird, indem er zeigt, dass bei seinen Protagonisten die Neurose nicht autonom ist wie bei Freud, sondern letztlich – nach Hitchcock – auf psychischen

Traumatisierungen beruht, wie dies in dem Film „Marnie" exemplarisch dargestellt ist.

Der Zusammenhang zwischen Psychiatrie und Film besteht also nicht nur in der Frage, welche Arten von wenn man so will „Kinematographien psychischer Erkrankungen" möglich sind, sondern man kann viel grundsätzlicher fragen, welche künstlerischen Bereiche sich in Filmen darstellen lassen, die für das menschliche Seelenleben in gesunden und gestörten Anteilen ausschlaggebend sind. Hier möchte ich nun auf einen Aspekt hinweisen, den ich im Wesentlichen meinen Studien über das Spätwerk Ingeborg Bachmanns verdanke, nämlich den Aspekt der „Unsagbarkeit" bestimmter psychischer Gehalte. Im Hinblick auf die Psychiatrie lässt sich die These vertreten, dass die Psyche selbst in den Bereich des Unsagbaren hineingehört, d.h. dass es für das Psychische letztlich keinen adäquaten sprachlichen Ausdruck gibt. Insofern ist es auch vorstellbar, dass psychisch kranke Menschen gerade daran erkranken, dass sie über ihr Inneres nicht wirklich kommunizieren können – mit sich und anderen – und dies als einen unhaltbaren Zustand erleben.

Ingeborg Bachmann, die in der Frühphase ihres Schaffens auch als Heidegger- und Wittgenstein-Philosophin tätig war, und sich auch auf Wittgensteins Satz bezog „Worüber man nicht reden kann, darüber muss man schweigen", hat in ihrem Spätwerk, insbesondere in den Romanen „Malina" und „Der Fall Franza" immer wieder philosophische Thesen formuliert, die mit der Frage zu tun hatten, inwieweit schwere psychische Störungen mit der Unausdrückbarkeit bestimmter Anteile unseres Seelenlebens zu tun haben. Ist es nicht vorstellbar, dass Menschen, die an und in sich erleben, dass das Wesentliche, was es ausmacht, sie selbst zu sein, durch nichts, aber auch durch gar nichts, anderen Menschen, ja vielleicht sogar noch nicht einmal ihnen selber, sprachlich vermittelt werden kann, in gewissem Sinne zu „Fällen" werden, dass sie in diesem Sinne „zugrunde gerichtet werden", wie Ingeborg Bachmann dies im Beginn ihres Franza-Romans formuliert hat? „Das Unsagbare" bei Ingeborg Bachmann ist ein Thema, das mit der Frage zu tun hat, inwieweit bereits das Phänomen der „Kasuistik", das Kategorisieren und das sprachliche auf-den-Begriff-Bringen für sie etwas ist, das entstellenden, abwertenden, ja sogar traumatisierenden Charakter haben kann. Sie selbst bezieht sich dabei implizit auf ihren seinerzeitigen Lebensgefährten Max Frisch, der in seinem Roman „Mein Name sei Gantenbein" die Dichterin als Romansujet missbraucht. Ihr 10jähriges Spätwerk „Todesarten" lässt sich in gewissem Sinne auf diese traumatische Situation und deren Bewältigung beziehen. So lässt sie in ihrem Roma „Der Fall Franza" die Protagonistin Franziska Ranner zu ihrem Ehemann, dem Psychiatrie-Professor Jordan, Folgendes sagen: „Nein, aber nein.", und er sagte: „Unterbrich mich bitte nicht immer", und er studierte das kleine Problem und analysierte ihre Küsse, von der sprachlichen Seite her und dann von der Erlebnisseite. Unbrauchbar. Franza ließ sich, angestrengt zuhörend, analysieren und unterbrach ihn nicht mehr, bis sie ihre Küsse gewogen, zerlegt und pulverisiert, eingeteilt und untergebracht wußte. Sie waren nun säuberlich und sterilisiert an den richtigen Platz in ihrem Leben und mit dem richtigen Stellenwert gekommen. Danach sollte eigentlich wirklich nichts mehr geschehen können." Franza sagt: „Ich war doch nicht krank, ich bin doch nicht als Patient zu ihm gekommen, das hätte ihn gerechtfertigt. Ich bin zu ihm gegangen, habe mich ihm anvertraut, was könnte die Ehe sonst sein als Anvertrauen, es in jemands Hände legen, was man ist, wie wenigs auch sei."

Eine Parallele hierzu findet sich in Ingmar Bergmans Film „Wie in einem Spiegel", in dem die Tochter eines in einer Schreibkrise befindlichen Schriftstellers durch Zufall herausfindet, dass ihr Vater ihre psychischen Störungen und deren Beschreibung zum Hauptthema seines Romans gemacht hat.

In Ingeborg Bachmanns Roman „Der Fall Franza" ist die Traumatisierung durch das Protokolliertwerden durch den Ehemann und Psychiater Prof. Jordan so ausgeprägt, dass die Romanfigur Franziska Ranner sich durch einen ehemaligen SS-Arzt umbringen lassen möchte. Sie kann gewissermaßen die Unaussprechlichkeiten ihrer Trauma-Erlebnisse mit dem kategorialen Leben in einem professoralen Universitätskontext nicht mehr zusammenbringen. Sie gerät in einen dissoziativen Stupor und wird in diesem Zustand von ihrem Bruder gefunden, der sie auf eine Forschungsreise nach Ägypten mitnimmt. In dem nun folgenden Filmausschnitt sehen Sie Elisabeth Trissenar und Armin Müller-Stahl in der Begegnung auf einem Hausboot in Kairo, wo die Protagonistin darum bittet, mit Hilfe des ehemaligen Tötungsarztes suizidiert zu werden. Hierbei ist die geniale schauspielerische Leistung von Armin Müller-Stahl besonders hervorzuheben.

Lassen Sie mich nun im zweiten Teil meiner Überlegungen zu dem Thema „Musikalisierung des Lebens" kommen. Hierunter verstehe ich die Möglichkeit, gewissermaßen „als Antidot" des Unsagbaren, des Unaussprechlichen, das sich ja aber doch äußern will, das Wesen der Musik als etwas zu beschreiben, das durch nichts anderes ausgedrückt werden kann und das aber etwas an- und ausspricht, das mit den Unerschlossenheiten der menschlichen Psyche zu tun hat. Meine These ist nun hier diejenige, dass dieses Unsagbare sich im Phänomen der Musikalisierung manifestiert. Musikalisierung ist hierbei so zu verstehen, dass der gemeinte Vorgang in uns keineswegs durch das Medium der Musik sich manifestieren muss; es kann sich auch um Stille handeln, Berührung, ein Bild, einen Geruch, ja einen Gedanken, ein Gefühl, einen Film. Nur eines sollte dieses Phänomen auszeichnen: es sollte keine Beliebigkeit, nicht Unauthentisches, nicht enthalten, das mit dem Leben nichts zu tun hat. Auch hier beziehe ich mit wiederum auf Texte von Ingeborg Bachmann. Diese formuliert in ihrem Essay „Musik" Folgendes:

„Was aber ist Musik? Was ist dieser Klang, der dir Heimweh macht? Wie kommt´s, daß du in deinen Todesstunden wieder nach der Nachtigall rufst und dein Fieber wild aus der Kurve springt, damit du sie noch einmal im Baume sehen kannst, auf dem einzigen hellen Zweig in der Finsternis? Und die Nachtigall sagt: „Tränen haben deine Augen vergossen, als ich das erste Mal sang!" So dankt sie dir noch, der du zu danken hast, denn sie vergißt es dir nie. Du vernimmst ihr herrliches Wort und trägst ihr dein Herz an dafür. Sie legt es auf ihre Zunge, taucht es ins Naß und schickt es durch das dunkle Tor dem, der es öffnet, entgegen." (kompletter Text siehe Seite 11-12)

Nun zu Paradjanov und seinem Film „Die Farbe der Granatäpfel". Der Film „Die Farbe der Granatäpfel" von Sergej Paradjanov (1968), stellt eine solche Musik dar, wie I. Bachmann sie beschreibt. Der Film versucht, auf seine Weise, das Unsagbare zu sagen, insofern „Musik" zu sein. Das sieht man bereits am Titel des Films „Die Farbe der Granatäpfel". Farbe bedeutet in der Philosophie ein „Qualium", eine Qualität, die paraphrasiert aber letztlich durch etwas anderes nicht ausgesagt werden kann. So wie Wittgenstein formuliert: „Schmerzen gibt es, sofern einer sie hat", so kann man bezüglich der Farbe sagen: „Farbe gibt es, sofern einer sie empfindet".

Sergej Paradjanov stammt aus Georgien und wurde 1924 geboren. Er studierte zuerst Eisenbahningenieurswissenschaften und wechselte mit 19 Jahren ins Musik-Studium (Geige und Gesang) über. Mit 22 Jahren wurde er schließlich Film-Student in Moskau und machte mit 27 Jahren sein Diplom als Film-Regisseur. Er arbeitete im Filmstudio in Kiew. Sein neunter Film über die Schatten der vergessenen Ahnen 1964 brach mit den Prinzipien des sowjetischen Realismus. Paradjanov wurde nach langen Verfolgungen und Intrigen in den 70er Jahren verhaftet und für 5 Jahre in ein Straflager für Schwerverbrecher inhaftiert. 1978 wurde er wegen internationaler Proteste freigelassen und 1982 erneut inhaftiert. 1985, nach erneuter Freilassung drehte er mit bescheidensten Mitteln den bedeutenden Film „Die Legende der Festung Suram" und danach noch zwei weitere große Filme. 1990 starb er mit 66 Jahren unmittelbar nach Beginn der Dreharbeiten zu seinem Autobiographie-Film „Bekenntnisse".

„Die Farbe der Granatäpfel" handelt von Leben des poetischen Dichters Novas Sayat, eines mittelalterlichen Lyrikers aus Armenien. Dabei geht es nicht um Biographie, sondern um Darstellung des lyrischen Hintergrundes, des poetischen Klimas dieses Lebens. Als Kind ist der künftige Dichter in der Lehre bei einem Wolldecken-Hersteller. Er lernt die Schönheit weiblicher Formen und die Liebe kennen; aber der zentralen Satz dieses Lebens lautet, „ich bin derjenige, dessen Seele gefoltert wird". Zuerst ist er Wolldeckenweber, dann Gerichtsmitarbeiter, dann Klostermönch; und die Darstellung dieses Lebens erfolgt in einer Filmsprache, die in ihrer farbigen extremen Stilisierung und Realsymbolik völlig einmalig und unverwechselbar ist. Man kann somit sagen: Paradjanov, der selbst gequälte und verdächtige

Außenseiter-Künstler, hat das poetische Kino auf seine Weise neu erfunden.

2.0 Die Musikalisierung des Lebens im Hinblick auf Salutogenese

2.1 Die Sprache, das Meinen und das „An sich"

Für Vieles in unserem Leben fehlen uns die Worte. Dafür gibt es so manche Gründe: es sind dies seelische Ursachen, Erschütterungen, Entsetzen, ein psychischer Ausnahmenzustand. Dies sind innere Prozesse, die uns vielleicht verstummen lassen. Es kann dazu kommen, dass wir etwas als „unbeschreiblich" erleben. Die Worte, die in uns versagen, die uns fehlen, stehen dann offenbar neben dem Erlebten; es wird eine Diskrepanz sichtbar zwischen dem Erleben und dessen Beschreiben in Sprache. Diese Diskrepanz kann aber auch grundsätzliche Ursachen haben: glaubt man Jean-Paul Sartre in seinem enormen Werk „Der Idiot der Familie", einem vielbändigen und multidimensionalen Werk über den Dichter Flaubert, dann hat Flaubert als Kind sich geweigert zu sprechen, die Sprache verweigert, er wurde der „Idiot der Familie", weil er den Wörtern misstraute; er hatte den Verdacht, dass das Sprechen etwas anderes ist als die Sache selbst, die im Sprechen beschrieben, gemeint, angedeutet, bedeutet werden soll.
Thomas Mann hat in seiner Erzählung „Das Eisenbahnunglück" diese Position umgekehrt; er zeigt, dass man sein primäres Erleben einer Katastrophe so umformulieren", so „umerleben" kann, dass das Erleben in der Erzählung über dieses Erleben aufgeht. Das primäre Erleben wird verdrängt zu Gunsten des Berichts, der sich darüber anfertigen lässt. So verwandeln sich

auch viele Touristen in Reporter, deren Erleben darin besteht, etwas „festzuhalten", es (quasi „japanisch") zu fotografieren. Man hat das zu Erlebende in Kategorien gepackt und kann es, wie Goethe sagt, „schwarz auf weiß nach Hause tragen." Ich selber fotografiere gerne, und doch nehme ich auf Reisen fast nie eine Kamera mit, weil die Gefahr, ein Berichterstatter meiner selber zu werden, viel zu groß erscheint.

Insofern ist das Thema „Sprache und Bewusstsein" ein zentrales Anliegen jeder Selbstverständigung des Menschen im Hinblick auf seine Erlebenswelt. Sind wir was wir sind im Hinblick auf unsere Sprache? Das Thema „Musikalisierung des Lebens" versucht nun, meine Frage dahingehend zu beantworten, dass eine gewisse Sprach- und Begriffs-Skepsis deutlich wird. Musikalisierung des Lebens handelt – als psychopädisches Projekt – von der Frage, was es mit dem Unsagbaren, dem Unnennbaren, dem Unaussprechlichen, dem Unübersetzbaren, Einzigen auf sich hat. Gibt es etwas in uns, das wir ansprechen aber nicht aussprechen können? Und wenn es das gibt, worum handelt es sich? Wie sollen wir damit umgehen?

Meine These ist nun hier diejenige, dass dieses Unsagbare sich im Phänomen der Musikalisierung manifestiert. Musikalisierung ist hierbei so zu verstehen, dass der gemeinte Vorgang in uns keineswegs durch das Medium der Musik sich manifestieren muss; es kann sich auch um Stille handeln, Berührung, ein Bild, einen Geruch, ja einen Gedanken, ein Gefühl. Nur eines sollte dieses Phänomen auszeichnen: es sollte keine Beliebigkeit, nichts Unauthentisches, nichts enthalten, das mit dem Leben nichts zu tun hat.

In der Tiefenpsychologie C. G. Jungs sind es die Urbilder, die archetypischen Bilder als Wesenheiten in uns, für die die Bezeichnung der Musikalisierungsfähigkeit am besten zutrifft.

Das Archetypische ist das uns Musikalisierende: so könnte man formulieren. Die archetypischen Bilder erscheinen uns am intensivsten im Traum. Insofern erscheint es mir legitim, dieses Seminar mit einem Alterswerk des Filmemachers Kurosawas „Träume" einzuleiten, das vor ca. 12-15 Jahren – mit Steven Spielbergs Unterstützung – gedreht wurde und zwar hieraus den van Gogh-Traum Kurosawas „Krähen".

Filmstill: Täume, Akira Kurosawa, 1990

2.2 Salutogenese

„Salutogenese" ist ein Begriff, der von dem israelischen Psychosomatiker Aaron Antonovsky stammt. Er stellte fest, dass Menschen oft in ihrer Lebensqualität wenig davon profitieren, wenn man der Krankheit „den Krieg" erklärt und die gesunden Anteile des Menschen dabei unberücksichtigt lässt. Er konzeptualisierte eine Medizin, die weniger destruktiv sein sollte, was die Krankheitsprozesse betrifft, und stärker konstruktiv, aufbauend, gesundheitsstärkend, was die heilenden Anteile betrifft. „Salutogenese" ist ein Begriff, der aus dem Lateinischen und aus dem Griechischen stammt und sich aus „salus" das Heil und „generis" die Entstehung zusammensetzt. Wie aber entsteht in uns das Heilsame?

Die moderne Medizin stammt aus einem mechanistischen Denken, in dem es Feinde gibt, wie Bakterien, Viren, Gifte, falsche Stoffwechselprozesse; und diesen Feinden hat die Medizin verständlicherweise und zu Recht den Krieg erklärt. Der Philosoph Emmanuel Levinas hat dafür den Begriff der „Kriegsontologie" der Moderne verwendet. Man kann das aber auch ganz anders sehen. Man kann Gesundheit und Krankheit als Extremzustände eines dynamischen Gleichgewichts betrachten, wo es wirksamer sein kann, die Gesundheit zu kräftigen als nur die Krankheit zu bekämpfen. Man sieht das beispielsweise sehr schnell in der Traumatherapie. Frisch traumatisierte Menschen benötigen eine kurze frühe Phase der Konfrontation mit dem Trauma, um dieses "einzuordnen", es in einen Kontext einzubinden; dann aber muss es erst einmal ruhen. Sonst wird die Traumatisierung nur noch verstärkt. In diesem Sinne ist ein Zentralbegriff zu Antonovskys Salutogenese-Theorie die „Kohärenz", das innere „In-Beziehung-Stehen" verschiedener psychischer und soziologischer Dimensionen untereinander. Kohärenzsteigerung ist eines der wichtigsten salutogenetischen Prinzipien. Wenn das so ist, in welchem Verhältnis stehen dann Salutogenese und die Konzeption des Unsagbaren, das Unübersetzbare? Ist das „Heil", das in der Salutogenese angesprochen und verstärkt, zu verstärkter Wirksamkeit, gebracht werden soll, denn selbst etwas „Unsagbares"?

Als Tiefenpsychologen nach C.G. Jung müssen wir diese Vorstellung wohl bejahen, denn die archetypischen Bilder, diese schöpfenden Schöpfungen in uns, haben selbst die Eigenschaft, nur angesprochen aber nicht ausgesprochen werden zu können. In dem Werk Ingeborg Bachmanns im Hinblick auf das Unsagbare drückt sich dies so aus: „Bei einer der Explorationen, die Jordan mit ihr anstellte, fiel ihr die Frühlingsgeschichte ein, und sie ließ den Frieden weg und das andre, auch den Frühling in Galicien, weil das Jordan natürlich nicht interessierte, sondern nur die Sache mit den ersten Küssen und eine zu erforschende Franziska, da kam im eifrig gehorsamen Beschreiben ein Wort zurück und sie sagte laut, was sie damals nur gedacht hatte: „Das waren englische Küsse." Jordan, der ohne Interpretation keinen Satz durchgehen ließ, unterbrach sie: „Das ist allerdings interessant, was du da sagst, englische Küsse, das ist eine Fehlleistung, denn du wirst gemeint haben angelische." Und sie sagte heftig: „Nein, aber nein.", und er sagte: „Unterbrich mich bitte nicht immer", und er studierte das kleine Problem und analysierte ihre Küsse, von der sprachlichen Seite her und dann von der Erlebnisseite, und Frieden und Sire fielen nun endgültig unter den Tisch, unbrauchbar. Franza ließ sich, angestrengt zuhörend, analysieren und unterbrach ihn nicht mehr, bis sie ihre englischen Küsse gewogen, zerlegt und pulverisiert, eingeteilt und untergebracht wußte. Sie waren nun säuberlich und sterilisiert an den richtigen Platz in ihrem Leben und mit dem richtigen Stellenwert gekommen. Danach sollte eigentlich wirklich nichts mehr geschehen können."

2.3 Sprache und Übersetzung

Scheinbar ist das, was sich in Sprache ausdrücken lässt so universell, so abgehoben und abstrakt, dass es sich ganz analog und ohne semantischen Verlust auch in einer anderen Sprache ausdrücken lässt. Was ist der Unterschied, ob ich sage „I go" oder „Ich gehe"? Ein analoges Problem gibt es in der Mathematik, aber vielleicht etwas heikler wenn ich z.B. sage 1x1=1 ist dasselbe, wie wenn ich nur sage „1", oder auch wenn ich sage „2-1". Sind Gleichungen so zu verstehen, dass sie wirklich in dem Sinne funktionieren, dass das was „links" und das was „rechts" steht, wirklich dasselbe ist. Oder sind sie so zu verstehen, dass die auf beiden Seiten stehenden Aussagen in bestimmter Hinsicht „äquivalent" sind? Plato hat in einer eindrucksvollen Vorlesung in Athen „über das Gute", zu dem die ganze Stadt zusammenlief, gezeigt, dass sich das Wesen des Guten in der „Eins" ausspricht und eben einen qualitativen Charakter hat, der unabhängig ist von dem semantischen Gehalt von formalisierbaren Gleichungen. Auch der qualitative Charakter der Dreiheit erschießt sich nicht ohne Weiteres aus „2+1" oder „5-2"; und dasselbe gilt für die Fünfheit und andere Zahlen-Symboliken. Was bedeutet dies für unser Thema „Musikalisierung"?

Es bedeutet, dass es in dem geistig-seelischen Vollzug, in dem wir uns bewegen, Aspekte gibt, die formalisierbar und übersetzbar sind und andere Aspekte, die – wenn überhaupt – nur auf ganz andere Weise formalisierbar und möglicherweise eben erst einmal <u>nicht</u> formalisierbar und übersetzbar sind. Hier sind wir in der Dimension des Unsagbaren angekommen.

Ein Beispiel ist in dem großen Film „Nostalghia" von Andrej Tarkowskij enthalten, in dem der russische Dichter versucht deutlich zu machen, dass Lyrik nicht übersetzbar ist.

Filmstill: Nostalgia, A. Tarkowskij, 1983

Gesualdo – aus seelischer Erschütterung sprengt die damals verfügbare musikalische Ausdrucks- und Erlebenswelt in einer Weise, dass der 6. Madrigal über 400 Jahre als unhörbar und unaufführbar galt. Musikalisch-chromatische Harmonie-Übergänge, die nach der klassischen Harmonielehre verboten waren und erst beim späten Richard Strauß vorkommen, sind hier zu hören.

3.0 Das Unsagbare

Ingeborg Bachmann war eine große philosophische Dichterin, die sich mit Wittgensteins Sprachphilosophie intensiv auseinandergesetzt hat. Eine ihrer großen Thesen zum Problem des „Unsagbaren" verbirgt sich in ihrem Text „Was aber ist Musik?" Da heißt es: „Was aber ist Musik? Was ist dieser Klang, der dir Heimweh macht? Wie kommt's, daß du in deinen Todesstunden wieder nach der Nachtigall rufst und dein Fieber wild aus der Kurve springt, damit du sie noch einmal im Baume sehen kannst, auf dem einzigen hellen Zweig in der Finsternis? Und die Nachtigall sagt: „Tränen haben deine Augen vergossen, als ich das erste Mal sang!" So dankt sie dir noch, der du zu danken hast, denn sie vergißt es dir nie." (kompletter Text siehe Seite 11-12).

Was hier ausgedrückt wird, ist die Radikalität dessen, was es heißt, Subjekt zu sein, in der Innenwelt zu sein. In dem zu sein, was Ingeborg Bachmann das „Innen" nennt. (Sie sagt an einer Stelle in dem Roman „Franza": „Denn es ist das Innen, in dem sich alle Tragödien abspielen.") Diese Radikalität von Subjektivität wurde kürzlich in einer von mir betreuten sog. Zeitoper" mit dem Titel „Hirnströme" der Staatsoper Hannover deutlich gemacht. Hier wird ein Patient vorgeführt, ein Musiker, der plötzlich durch einen Hirnprozess seine Kompetenz, Musik zu erleben, verloren hat: er hat eine „musikalische Agnosie". Er sagt: „Ich habe meine Musik verloren". Die Geschichte beruht auf einer Patientin von mir, die berichtet, dass sie seit einer Aneurysma-Operation im Gehirn Musik lediglich als unangenehmes Geräusch erlebt, „überdimensional laut und furchtbar".

Das Spannungsfeld, in dem sich die Zeitoper „Gehirnströme" bewegt, ist der Reduktionismus, der sagt, Musik ist nichts anderes als eine besondere Form von Nervenzellerregung im Gehirn und der Gegenthese, die zum Schluss der Oper deutlich gemacht wird, dass Musikalität eine seelische Dimension im Menschen beinhaltet, die über die quasi „Hirnströme" hinauswachsen kann. (In der Zeitoper „Gehirnströme" von Burkhard Niggemeier und Susanne Chrudina, s. S. 13).

In ihrem Spätwerk „Todesarten" hat I. Bachmann einen Roman über eine junge Frau „Franza" geschrieben, die einen älteren Psychiatrieprofessor heiratet: „Der Fall Franza". Der Roman „Das Buch Franza", wie er auch genannt wird, heißt nicht umsonst „Der Fall Franza"; Franziska Jordan, geb. Ranner, erlebt sich als jemand, dessen Leben zu einer Fallgeschichte, zu einer Casuistik gemacht worden ist. Cadere heißt fallen. Wenn Menschen etwas „ordnen", dann sortieren sie; die Dinge fallen hinein in Sortierkörbe. Die Vielfalt des Lebens, die wir alle in uns haben, die Eimaligkeiten, die Unverwechselbarkeiten, die „Singularitäten", das Einzelne und Besondere: sie lassen sich im Sinne der Reduktion, der Rückführung, der rückführenden Vereinfachung auf Fälle, auf Fallbeispiele beziehen; das nennt man Wissenschaft. In der klassischen Metaphysik des Aristoteles sind es die Kategorien, die dafür sorgen, dass Ordnung sein kann. Katägoros aber heißt der Ankläger. Franza sagt zu ihrem Mann. Dem Arzt Jordan: „Ich habe nie mit jemand anderem das Gefühl gehabt, daß ich auf jedes Wort achten muß, man muß doch reden können, wie man will, wenn man mit jemand lebt, und ich fange an aufzupassen, ich weiß nicht, was das ist. Du beobachtest mich immer, du lebst nicht mit mir, du betrachtest mich, du hörst zu und seziert es, ich merke beinahe, wie an deinem Ohr etwas steht und aufpasst. Du hast einen Aufpasser

im Ohr, in deinen Augen, ich komme mir wie beschattet vor, das ist es. Es ist so unnatürlich." Franza gerät schließlich in einen dissoziativen Stupor, eine katatone Krise, und wird suizidal. Sie bittet einen ehemaligen SS-Tötungsarzt (Dr. Körner) in Ägypten, sie umzubringen; sie bittet um aktive Sterbehilfe.
(Spielfassung einer „szenischen Installation" von H.M. Emrich und Blanche Kommerell (Universität Witten/Herdecke, 2000))
Franza:
Ich will nicht von Ihnen untersucht werden. Darum geht es doch nicht. Ich will, daß Sie es wieder machen. Und mehr Geld habe ich nicht. Geben Sie mir eine Spritze.
Körner:
Hören Sie, (er steht auf und kommt auf sie zu) was wollen Sie damit sagen?
Franza:
Nichts. Ich habe es doch schon gesagt. Ich will nicht mehr leben, ich kann wirklich nicht mehr. Wie kann ich Ihnen bloß klarmachen, daß ich ausgemerzt werden will? Ja, ausgemerzt, das ist es. Ich kann versuchen, noch mehr Geld zu bekommen. Sie müssen es tun, für Sie ist das doch . . . (sie stockt)
Körner:
Ich bin Arzt, Sie sind wahnsinnig. Das ist eine unerhörte Zumutung.
Franza spricht vor sich hin:
Ich bitte ihn um etwas, was er früher freiwillig getan hat und ohne darum gebeten worden zu sein, und jetzt kommt jemand und darf nicht einmal betteln darum und zahlen dafür. Was ist das für eine Welt?
Laut zu ihm hinsprechend:
Wenn Sie Unannehmlichkeiten befürchten, geben Sie mir etwas, ich kann es selber tun. Aber geben Sie mir etwas. Niemand weiß,

niemand wird wissen. . . Aber geben Sie mir das. Ich kenne niemand außer Ihnen, zu dem ich gehen könnte." (Sie bricht wieder ab, sie will ihn nicht gegen sie aufbringen).

Franza spricht vor sich hin:

Vielleicht geht das gegen seine Mörderehre oder gegen seine Arztehre, diese Leute sind sicher alle sehr empfindlich. Jordan hätte die gleiche Entrüstung über eine solche Zumutung und eine Überzahlung des Honorarsatzes gezeigt, seine Berufsehre wie ein Banner vor seinem Patienten aufgezogen.

Körner:

Hören Sie, ich will das vergessen. Sie sind (er räuspert sich) in einer psychisch schlechten Verfassung. Ich will das zu Ihren Gunsten annehmen. Rezept kann ich Ihnen keines schreiben, aber ich gebe Ihnen ein Wort für einen ägyptischen Kollegen mit. Nehmen Sie 1-2 Librium pro Tag.

Franza schüttelt den Kopf:

Ich brauche kein Rezept von Ihrem Kollegen, danke, kein Librium und Meprobamat und kein Dominal und kein Megaphen. Sie sehen, ich kenne mich aus. Ich habe genug davon. Es hilft nicht. Ich will die toxische Dosis.

6.2 Schluss

Was ergibt sich hieraus? Es gibt etwas in uns, das wir ansprechen aber nicht aussprechen können: das „Unsagbare" i.S. von Ingeborg Bachmann. Dieses lässt sich in der Tiefenpsychologie Jungs als das Archetypische bezeichnen. Wenn dies immer auf falsche Weise kategorial – durch „Herrschafts-wissen" i.S. von Steffenski – angesprochen wird, dann gibt es Zerfall, der Mensch ist zerfallen mit sich und mit anderen. Franza zeigt Zustände der

Dissoziation, des inneren Zerfallenseins, und der Spaltung von Anderen (Familie, Ehemann, Therapie). Damit ist die Hauptkomponente der Salutogenese nicht möglich, die Möglichkeit der Kohärenz: es kommt zu unauflösbaren Verstrickungen, die im Falle von Franza zum Tode führen.

Wir müssen also Wege finden, aus dem Krank-System der Medizin, z.B. den Krankenhäusern, ein Gesundsystem zu machen, z.B. Gesundheits-Zentren.

7. Musik als Sprache des Unsagbaren
Zürich, 27.10.2013

1.0 Einleitung

Was wir eben gehört haben, ist eine musikalische Ganzheit, eine Totalität, eine Vollkommenheit seelischer Wahrheit und Wirklichkeit: Mozarts Werke sind unausschöpfbar. Die philosophische Dichterin Ingeborg Bachmann, von der wir später noch mehr hören werden, sagt über eine solche Musik:
„Du vernimmst ihr herrliches Wort und trägst ihr dein Herz an dafür."
Wie ist so ein herrliches Wort möglich und was ist dies für eine Sprache, in der Musik dieses Wort spricht? Und inwiefern ist es eine Sprache des Unsagbaren? Darüber möchte ich Ihnen etwas vortragen.

2.0 Musikphilosophische Aspekte musikalischer Sprachen

Präambel: Musikphilosophie zu betreiben, ist eine rare Tugend. Wieso kann es eine „Sprache des Unsagbaren" geben, wenn das Gemeinte doch nun mal „unsagbar" ist? Philosophisch gesehen ist die Aussage eines Sprechaktes das Meinen eines „intentionalen Gegenstandes" im Sinne des Phänomenologen Edmund Husserl. Dasjenige, was dieses Sprechen jedoch nicht erreicht, bleibt „außenstehend", in diesem Sinne ist es „unsagbar". Die Sprache des Unsagbaren gäbe es also nicht. Wie kommt nun diese Paradoxie zustande? Was heißt „Du vernimmst ihr herrliches Wort"? Hierzu eine musikphilosophische Skizze: Unser Musikabend handelt davon, dass Musik einerseits etwas „erzählt", also „narrativ" ist und insofern einen „intentionalen Gegenstand" hat. Der Musikologe Paul Bekker spricht in seiner Beethoven-Biographie vom „Spiel phantastischer Gedanken". Andererseits ist es die Eigenschaft der Musik, dass sie eben doch nichts Konkretes erzählt, von keinem vorzeigbaren Gegenstand handelt. Insofern ist sie eine von der hiesigen Welt abgelöste und in diesem Sinne „absolute Kunst" – der Philosoph Arthur Schopenhauer sagt: Musik ist ein „Wesen" – und insofern sie nur dieses Wesenhafte (des Menschseins) zum Gegenstand hat, ist sie „Dasein".

3.0 Wie drückt das Seelische sich aus?

Warum beschäftigen wir uns mit einer Philosophie der Musik? Dafür gibt es viele sehr vernünftige Gründe: Musik als ein Spiegel der Seele – die Musik als Anreger seelischer Bewegungen – die Musik als Sprache des Unsagbaren … aber noch tiefer: der wirkliche Grund: weshalb es so wichtig ist, Musik-Philosophie zu betreiben, liegt darin, dass wir Menschen auf immer wieder je neue Weise versuchen, uns selbst, uns Menschen in unserem Selbstsein als Wesen zu verstehen. Man könnte es auch so formulieren: wir lieben die Musik, sie ist unser Lebenselixier, weil Musik vom Menschen selbst handelt und nicht über den Menschen redet (wie die Wissenschaft): Musik spricht eine Sprache des Wesens, nicht eine Sprache der Gegenstände, nicht über Vorkommnisse in der Welt.

Wie drückt sich das Seelische aus? Dies als eine Frage der Sprachphilosophie, die nicht nur für Philosophen, Literarhistoriker und Psychologen, sondern insbesondere für uns alle, wie wir im Leben stehen, von eminenter Bedeutung ist. Das Psychische in uns kennt viele „Sprachen", um sich auszusagen, um „Kontakt" aufzunehmen, um etwas auszudrücken, Signale zu geben (in unserer seelischen Einsamkeit), um Antworten zu erwirken, wobei neben der gesprochenen Wortsprache/Satzsprache es die Mimik und die Gesten sind, das Tänzerische und das Singen, all das, was es für uns untereinander ausmacht, wir selbst zu sein und für andere zu sein und das den seelischen Ausdruck prägt. Lassen diese „Sprachen" sich ineinander übersetzen, sind sie einander parallel, einander unter- oder übergeordnet, wie vermitteln sie sich miteinander und welche hat den Führungsanspruch? Wir gehen in der Regel davon aus, dass die Bewusstseinssprache, die Geistsprache, die gesprochene Sprache, die Begriffssprache diejenige ist, in der wir in erster Linie als geistig-seelische Wesen vorkommen und mit der wir uns mit uns und mit anderen vermitteln und austauschen. Aber da gibt es Probleme durch Inselhaftigkeiten, Risse und Verwerfungen, Widersprüche und Dissoziationen, das Auseinanderbrechen der Einheit des Bewusstseins oder eben auch gerade durch die vielen Bewusstseins, die wir so gerne in eine Ordnung gebracht haben würden und deren Launenhaftigkeiten und Widersprüchlichkeiten uns das Leben nicht gerade leicht machen.

Vor diesem Hintergrund der Vielfalt sprachlicher Ausdrucksformen der menschlichen Psyche erscheint es nicht nur plausibel, ja es erscheint geradezu unausweichlich, dass es in uns Menschen zu Krisen kommt, die wir als Sprachkrisen des

Unsagbaren bezeichnen, und zwar dies in erster Linie in dem Sinne, dass die Sprache nicht das leistet, was wir von ihr erwarten, nämlich das auszusagen, was unsere Innerlichkeit, unsere geistig-seelische Intentionalität zum Ausdruck bringen möchte. Man könnte dies vielleicht als die Sprachkrise der ersten Stufe bezeichnen, in dem Sinne, dass die immer genauere, immer subtilere Ausdifferenzierung sprachlicher Gestalten, wie sie in einem Schriftstellerleben charakteristisch sind, an Grenzen stößt, innerhalb derer es zu einem Sprach-Misstrauen kommt, zu einer Sprachkrise des nicht zum Ausdruck bringen Könnens, was das eigentlich ist, die – wie Ingeborg Bachmann in ihren späten zur Veröffentlichung nicht freigegebenen Gedichten sagt – Undurchdringlichkeit, an der die Worte scheitern: „Ich habe keine Worte mehr / nur Kröten, die springen / heraus und schrecken ...", die „Mundgeburten / in lieblicher Bläue / und bei Frost der / abgemähten Liebesfelder / Liebe: die große Merde / alors, das düngt einen / Wahnsinn, in dem / meinetwegen alles, / meinetwegen alles, / zugrunde gehen soll."

Das von mir initiierte Projekt „Musikalisierung des Lebens" hat mit dieser Frage zu tun: gibt es nicht in uns etwas, was letztlich nur durch Musik erlöst werden kann, durch die Unübersetzbarkeit von Musik? Musik als geistig-seelische Eigenwelt, die nicht durch eine andere geistig-seelische Welt noch einmal gleichartig dargestellt werden kann. Die Besonderheit eines Klanges lässt sich nicht dadurch ausdrücken, dass ich ihn versprachliche, verräumliche, verbildliche, etc.

Ingeborg Bachmann war nicht nur Lyrikerin und Dichterin; sie war auch eine große Philosophin und sie hat in vielen Texten immer wieder auf ungelöste Fragen der Philosophie hingewiesen. In diesem Sinne denke ich, dass das, was sie über Musik sagt, einen philosophisch bedeutungsvollen Hintergrund hat. Da führt sie aus: „„Was aber ist Musik? Was ist dieser Klang, der dir Heimweh macht? Wie kommt's, dass du in deinen Todesstunden wieder nach der Nachtigall rufst und dein Fieber wild aus der Kurve springt, damit du sie noch einmal im Baume sehen kannst, auf dem einzigen hellen Zweig in der Finsternis? Und die Nachtigall sagt: „Tränen haben deine Augen vergossen, als ich das erste Mal sang!" So dankt sie dir noch, der du zu danken hast, denn sie vergißt es dir nie." (kompletter Text siehe Seite 11-12)

Was hier ausgedrückt wird, ist die Radikalität dessen, was es heißt, Subjekt zu sein, in der Innenwelt zu sein. In dem zu sein, was Ingeborg Bachmann das „Innen" nennt. (Sie sagt an einer Stelle in ihrem Roman „Franza": „Denn es ist das Innen, in dem sich alle Tragödien abspielen.")

Wie aber hängt das, was Musik darstellt, mit dem zusammen, was Musik „meint"? Dies nun wiederum gehört in den Bereich einer „Philosophie des Unsagbaren" und zwar in einer Weise, die Ingeborg Bachmann in ihrem Text im Rahmen einer ganzen von ihr entwickelten Philosophie des Unsagbaren angedeutet hat. Sie sagt zum Schluss ihres Textes, den ich Ihnen eben vorlas: „Wovon glänzt dein Wesen, wenn die Musik zu Ende geht, und warum rührst du dich nicht? Was hat dich so gebeugt und was hat dich so erhoben?" Es geht also, und damit sind wir in der Philosophie von Arthur Schopenhauer in seinem Hauptwerk „Die Welt als Wille und Vorstellung", um Musik als Repräsentation von „Wesen".

Wie steht es nun um Unsagbares im Hinblick auf unsere Gefühle? Sind die Gefühle auch unsagbar, und wenn ja, in welcher Hinsicht? Um dies zu verstehen, müssen wir bedenken, dass wir unsere gesprochene Sprache missverstehen, wenn wir sie für rein "diskursiv" halten, so, wie wenn sie durch eine

Computerstimme auch gesprochen werden könnte, sie rein rational im Sinne reiner Übertragung (Sendung) von Gedanken-Inhalten wirksam wäre. Sprache ist im Gegensatz hierzu in sich multimodal, besteht aus Kognitionen, Gefühlen, atmosphärischen Anteilen und Vielstimmigkeiten, dies im Sinne der Verbindung von Textanteilen der Oberfläche, darunter liegenden Untertexten (sog. „Subtexten") und regelrechten Schwebungen, die zutiefst ins Musikalische gehen. Sprache hat Rhythmus, geht damit auch ins Tänzerische und in die Körper-Sprache; und damit springt die Sprache über in andere Bereiche unseres Seins, die scheinbar ganz abgetrennt sind. So sagt Franz Kafka, an einer Stelle, an der es um das Unsagbare geht, er wolle von etwas erzählen, das er in den Knochen habe und das nur in diesen Knochen erlebt werden könne.

Musik ist, so wie Ingeborg Bachmann es darstellt, eine Sprache sui generis; eine Sprache, die etwas erzählen kann, das durch nichts anderes erzählbar ist, auf keine andere Weise ebenso erzählt werden kann, gemeint werden kann, ausgesagt werden kann. Und in diesem Sinne kann Musik tatsächlich etwas „Unsagbares" ausdrücken, was die oben dargestellte Paradoxie auflöst.

Nun zu den Stücken des heutigen Abends.

Das Quartett von Wolfgang Amadeus Mozart aus dem Jahre 1782, auch als Frühlings-Quartett bezeichnet und Joseph Haydn gewidmet, spricht mit den Sprachen des Gesanges und des Tanzes einen absoluten musikalischen Raum an: irreduzibel und Welt-eröffnend.

Das dritte Streichquartett von Jörg Widmann, von 10 Jahren komponiert, das Jagd-Quartett, wie Sie gleich hören werden, besticht durch einen phantasievollen Reichtum an innovativen Wendungen, witzig-originellen Einfällen und herrlichen chromatischen Variationen.

8. Welche Sprache spricht Musik?

Musik als die Sprache des Unsagbaren und die Musikalisierung des Lebens

Hannover, Sommer-Akademie, 13.09.13

1.0 Einleitung

Warum beschäftigen wir uns mit einer Philosophie der Musik? Dafür gibt es viele sehr vernünftige Gründe: Musik als ein Spiegel der Seele – die Musik als Anreger seelischer Bewegungen – die Musik als Sprache des Unsagbaren ... Davon wird unsere Vorlesung handeln, aber noch tiefer: der wirkliche Grund: weshalb ist es so wichtig, Musik-Philosophie zu betreiben? Das liegt daran, dass wir Menschen auf immer wieder je neue Weise versuchen, uns selbst, uns Menschen in unserem Selbst als Wesen zu verstehen. Man könnte auch so formulieren: wir betreiben Musik-Philosophie, weil Musik vom Menschen selbst handelt und nicht über den Menschen (Wissenschaft): Musik spricht eine Sprache des Wesens, nicht eine Sprache über Gegenstände, über Vorkommnisse in der Welt. Die Frage ist also: wer sind wir selbst, dass Musik uns so viel bedeutet? Und was ist in diesem Sinne die Musik? Hierzu eine wenn man so will lyrische und zugleich philosophische Erklärung und Darlegung, die von der philosophischen Dichterin Ingeborg Bachmann stammt, ein Text mit dem Titel „Was aber ist Musik?".

„Was aber ist Musik? Was ist dieser Klang, der dir Heimweh macht? Wie kommt's, dass du in deinen Todesstunden wieder nach der Nachtigall rufst und dein Fieber wild aus der Kurve springt, damit du sie noch einmal im Baume sehen kannst, auf dem einzigen hellen Zweig in der Finsternis? Und die Nachtigall sagt: „Tränen haben deine Augen vergossen, als ich das erste Mal sang!" So dankt sie dir noch, der du zu danken hast, denn sie vergißt es dir nie." (kompletter Text siehe Seite 11-12)

Ich beginne noch einmal neu: unsere Gemeinschaftsvorlesung von Wiebrecht Ries und mir geht in musikphilosophischer Perspektive davon aus: Philosophie ist eine geistige Kunst – eine Reflexionskunst. Diese bewegt sich in Welten von Begriffen, d.h. in Welten von Sprachen. In dem christlichen Glauben beginnt die Genesis mit dem Satz „Im Anfang war das Wort und das Wort war bei Gott." (Johannes Evangelium 1, Vers 1-18). Dieses Wortsein des Anfangs kann man in zweierlei Weisen verstehen, als Begriffswort oder als Anruf, als Anrufung. Hierüber kann man theologisch viel nachdenken und diskutieren. Sprachen haben sog. „intentionale Gegenstände" als Objekte, auf die sie sich beziehen. Georg Wilhelm Friedrich Hegel spricht von der „Mühe des Begriffs", der Begriff in Bezug auf das Begriffene – bei Hegel in einer komplexen Wechselwirkung; dies zu klären, was wir meinen, wenn wir begrifflich reden, ist, wie Hegel sagt, „mühsam". Meinen und Gemeintes: wie hängen sie miteinander zusammen? Dies als eine Frage der Sprachphilosophie.

Wie aber hängt das, was Musik darstellt, mit dem zusammen, was Musik „meint"? Dies nun wiederum gehört in den Bereich einer „Philosophie des Unsagbaren" und zwar in einer Weise, die Ingeborg Bachmann in ihrem Text im Rahmen einer ganzen von ihr entwickelten Philosophie des Unsagbaren angedeutet hat. Sie sagt zum Schluss ihres Textes, den ich Ihnen eben vorlas: „Wovon glänzt dein Wesen, wenn die Musik zu Ende geht, und warum rührst du dich nicht? Was hat dich so gebeugt und was hat dich so erhoben?" Es geht also, und damit sind wir in der Philosophie von Arthur Schopenhauer in seinem Hauptwerk „Die

Welt als Wille und Vorstellung", um Musik als Repräsentation von „Wesen".

Musik ist eine Sprache sui generis; eine Sprache, die etwas erzählen kann, das durch nichts anderes so erzählbar ist, auf keine andere Weise ebenso erzählt werden kann, gemeint werden kann, ausgesagt werden kann. In diesem Sinne sagt die Musik etwas "Unsagbares", wie Ingeborg Bachmann dies in verschiedenen Werken darstellt und als philosophische Dichterin, regelrecht als Expertin, hervorragend beschrieben hat. Wie steht es nun um Unsagbares im Hinblick auf unsere Gefühle? Sind die Gefühle auch unsagbar, und wenn ja, in welcher Hinsicht? Um dies zu verstehen, müssen wir bedenken, dass wir unsere gesprochene Sprache missverstehen, wenn wir sie für rein "diskursiv" halten, so, wie wenn sie durch eine Computerstimme auch gesprochen werden könnte, sie rein rational im Sinne reiner Übertragung (Sendung) von Gedanken-Inhalten wirksam wäre. Sprache ist im Gegensatz hierzu in sich multimodal, besteht aus Kognitionen, Gefühlen, atmosphärischen Anteilen und Vielstimmigkeiten, dies im Sinne der Verbindung von Textanteilen der Oberfläche, darunter liegenden Untertexten (sog. „Subtexten") und regelrechten Schwebungen, die zutiefst ins Musikalische gehen. Sprache hat Rhythmus, geht damit auch ins Tänzerische und in die Körper-Sprache; und damit springt die Sprache über in andere Bereiche unseres Seins, die scheinbar ganz abgetrennt sind. So sagt Franz Kafka, an einer Stelle, an der es um das Unsagbare geht, er wolle von etwas sinngemäß erzählen, das in den Knochen habe und das nur in diesen Knochen erlebt werden könne.

Vor einigen Monaten war ich in Wien und geriet mehr oder weniger zufällig in den Stephansdom. Dort übte jemand auf der so klangvoll wie zieseliert feinen und doch zugleich mit so tief klingendem Bass die riesigen Räume durchflutenden großen Orgel des Doms das Stück von Johann Sebastian Bach, das in meiner Jugend mich so sehr bewegt hatte: Präludium und Fuge in Es-Dur. Welches Erlebnis: dies nach über 50 Jahren zufällig noch einmal zu hören, ganz anders zu hören. Damals hatte mein Klavierlehrer das Stück auf einer kleinen Orgel in einer Kölner Kirche großartig vorgetragen. Nun in der Wiederbegegnung spürte ich: ich bin jetzt glücklich: ein ganzes, nicht immer leichtes Leben liegt zwischen diesen beiden Momenten.

Was bedeutet dies? Wieso ein kann eine pure Tonfolge, in bestimmter Weise gespielt und im Raume verteilt, ein solches starkes Gefühl hervorrufen? Es ist im Grunde ja gar nichts Äußeres, was da passiert. Es ist die Innerlichkeit, die erweckt wird und die in Resonanz gerät. Es ist auch nicht einfach Ästhetik, was hier wirksam wird. Arthur Schopenhauer sagt dazu in seinem Hauptwerk von 1819 „Die Welt als Wille und Vorstellung", dass die Musik nicht mit den anderen Künsten vergleichbar ist, da Musik eine eigene Sprache beinhaltet, die nichts Äußeres abbildet (wie Malerei, Skulptur und zum Teil die Dichtung): Musik lässt etwas anklingen und es auftönen, was Schopenhauer als ein "Wesen" beschreibt, dies mit den folgenden Worten: "Die Erkenntnis der ((platonischen Ideen)) durch Darstellung einzelner Dinge anzuregen ... ist der Zweck aller anderen Künste ... dagegen ist die Musik ... von der erscheinenden Welt ganz unabhängig, ignoriert sie schlechthin, könnte gewissermaßen, auch wenn die Welt gar nicht wäre, doch bestehen: was von den anderen Künsten sich nicht sagen lässt. ... Die Musik ist also keineswegs gleich den anderen Künsten das Abbild der Ideen; sondern Abbild des Urgrundes unserer Wirklichkeit selbst, dessen Objektität auch die Ideen sind: deshalb eben ist die Wirkung der Musik so sehr viel mächtiger und eindringlicher, als die der anderen Künste: denn diese reden nur vom Schatten, sie aber redet vom Wesen."

Vorletzte Woche war ich in Luzern in dem Abschlusskonzert, dirigiert von Claudio Abbado. Am Schluss seines Festivalbeitrages die 9. Symphonie von Anton Bruckner, geschrieben „Zum höchsten Lob des Lieben Gottes". Musik als eine Ausdruckssprache, die alle Vernunft, alle Maßstäbe unseres Geistes übersteigt. Die allerdings nur mündlich überlieferte Widmung Bruckners lautet: „Dem lieben Gott gewidmet, wenn er sie nehmen mag."

Für mich ist es eine Wiederbegegnung in ähnlicher Weise wie im Wiener Dom meiner Bruckner-Erlebnisse in der Pubertät. Es geht mir hier um eine zentrale philosophische Botschaft, die ich in den letzten 15 Jahren zu entwickeln versucht habe: ich nenne sie „die Musikalisierung des Lebens", bzw. genauer die „Re-Musikalisierung des Lebens", wenn man so will die Aufhebung der Seelen- und Gottesferne unseres Daseins.

Ich möchte dies gar nicht ironisch verstanden wissen, ich meine es im Sinne des Volksliedes „Himmel und Erde, die mögen vergeh´n, aber die Musici bleiben besteh´n."

Was hat es mit dieser Musikalisierung des Lebens auf sich?

Für Vieles in unserem Leben fehlen uns die Worte. Dafür gibt es so manche Gründe: es sind dies seelische Ursachen, Erschütterungen, Entsetzen, ein psychischer Ausnahmenzustand. Es sind innere Prozesse, die uns vielleicht verstummen lassen. Es kann dazu kommen, dass wir etwas als „unbeschreiblich" erleben. Die Worte, die in uns versagen, die uns fehlen, stehen dann offenbar neben dem Erlebten; es wird eine Diskrepanz sichtbar zwischen dem Erleben und dessen Beschreiben in Sprache. Diese Diskrepanz kann aber auch grundsätzliche Ursachen haben: glaubt man Jean-Paul Sartre in seinem enormen Werk „Der Idiot der Familie", einem vielbändigen und multidimensionalen Werk über den Dichter Flaubert, dann hat Flaubert als Kind sich geweigert zu sprechen, er hat die Sprache verweigert, er wurde der „Idiot der Familie", weil er den Wörtern misstraute; er hatte den Verdacht, dass das Sprechen etwas anderes ist als die Sache selbst, die im Sprechen beschrieben, gemeint, angedeutet, bedeutet werden soll. Wahrscheinlich hat er der Musik nicht misstraut.

Thomas Mann hat in seiner Erzählung „Das Eisenbahnunglück" diese Position umgekehrt; er zeigt, dass man sein primäres Erleben einer Katastrophe so umformulieren", so „umerleben" kann, dass das Erleben in der Erzählung über dieses Erleben aufgeht. Das primäre Erleben wird verdrängt zu Gunsten des Berichts, der sich darüber anfertigen lässt. So verwandeln sich auch viele Touristen in Reporter, deren Erleben darin besteht, etwas „festzuhalten", es (quasi „japanisch") zu fotografieren. Man hat das zu Erlebende in Kategorien gepackt und kann es, wie Goethe sagt, „schwarz auf weiß nach Hause tragen." Ich selber fotografiere gerne, und doch nehme ich auf Reisen fast nie eine Kamera mit, weil die Gefahr, ein Berichterstatter meiner selber zu werden, mir viel zu groß erscheint.

Insofern ist das Thema „Sprache und Bewusstsein" ein zentrales Anliegen jeder Selbstverständigung des Menschen im Hinblick auf seine Erlebenswelt. Sind wir das, was wir sind, im Hinblick auf unsere Sprache? Das Thema „Musikalisierung des Lebens" versucht nun, diese Frage dahingehend zu beantworten, dass eine gewisse Sprach- und Begriffs-Skepsis deutlich wird. Musikalisierung des Lebens handelt – als psychopädisches, als kulturelles Projekt – von der Frage, was es mit dem Unsagbaren, dem Unnennbaren, dem Unaussprechlichen, dem Unübersetzbaren, Einzigen auf sich hat. Gibt es etwas in uns, das wir ansprechen aber nicht aussprechen können? Und wenn es das gibt, worum handelt es sich? Und wie sollen wir damit umgehen?

Meine These ist nun hier diejenige, dass dieses Unsagbare sich im Phänomen der Musikalisierung manifestiert. Musikalisierung ist hierbei so zu verstehen, dass der gemeinte Vorgang in uns keineswegs durch das Medium der Musik sich manifestieren muss; es kann sich auch um Stille handeln, Berührung, ein Bild, einen Geruch, ja einen Gedanken, ein Gefühl. Nur eines sollte dieses Phänomen auszeichnen: es sollte keine Beliebigkeit, nichts Unauthentisches enthalten, nichts darstellen, das mit dem Leben nichts zu tun hat.

In der Tiefenpsychologie C. G. Jungs sind es die Urbilder, die archetypischen Bilder als Wesenheiten in uns, für die die Bezeichnung der Musikalisierungsfähigkeit am besten zutrifft. Das Archetypische ist das uns Musikalisierende: so könnte man formulieren. Die archetypischen Bilder erscheinen uns am intensivsten im Traum, in Phantasien, Wachträumen und Imaginationen, letztlich auch beim Musizieren und beim Hören von Musik.

2.0 Fazit

Wahrhaftige, seelennahe lebendige Gefühle springen förmlich aus der Wirklichkeit des Unsagbaren heraus in uns hinein, bzw. sind schon latent in uns und werden wirksam. Sie werden in der Improvisation, im nicht Vorgefertigten, dem aus dem Moment Geborenen, plötzlich manifest, wirksam, deutlich und überstrahlen unser Leben. Dies hat insofern auch mit der „Eroberung von Gegenwart" zu tun, als mit dem Überstieg über die Mechanik von Zeit, mit dem Erschaffen des eigenen gedehnten Momentes, so wie wir das in der Musik erleben, es um die „wirkliche Wirklichkeit" geht, mit der wir in Resonanz, in Harmonie in eine Einheit gelangen können.

9. Über Musik als das Sagen des Unsagbaren

Hochschule für Musik, Theater und Medien Hannover, 18.3.05: „Märchen in historischer, psychologischer, therapeutischer und musikalischer Deutung"

1.0 Einleitung: Melancholie, das Todesproblem und seine Bewältigung in Musik

Im Zentrum von Hans Christian Andersens Erzählung über den chinesischen Kaiser und seine ergreifende, liebende Nachtigall – und ihr eigentümliches wenig rühmliches Duplikat – steht das Todesmotiv; die Frage nach Transzendierung und Rückschau auf das eigene Leben, das gelingende Leben und das Missratene, das was an diesem Leben gewesen war: „Des Kaisers gute und böse Taten, die ihn anblickten, jetzt, da der Tod ihm auf dem Herzen saß." Die Nachtigall kann hier eingreifen, sie ist auf einmal wieder da, die verstoßene: „Da klang auf einmal vom Fenster her der herrlichste Gesang. Es war die kleine, lebendige Nachtigall, die auf einem Zweige draußen saß." Ingeborg Bachmann schreibt dazu in ihrem Text: „Was aber ist Musik?" Folgendes:
„Was aber ist Musik? Was ist dieser Klang, der dir Heimweh macht? Wie kommt's, daß du in deinen Todesstunden wieder nach der Nachtigall rufst und dein Fieber wild aus der Kurve springt, damit du sie noch einmal im Baume sehen kannst, auf dem einzigen hellen Zweig in der Finsternis? Und die Nachtigall sagt: „Tränen haben deine Augen vergossen, als ich das erste Mal sang!" So dankt sie dir noch, der du zu danken hast, denn sie vergißt es dir nie."

Ich möchte meine Betrachtungen beginnen mit einer Überlegung über das Todesproblem im Hinblick auf Melancholie und die Frage nach einer Philosophie der Endlichkeit. Was ist die zentrale Aufgabe für uns Menschen, wenn wir uns mit dem Todesproblem auseinandersetzen?

Der Grund für die Auseinandersetzung mit dem Todesproblem liegt in einer anthropologischen Verfasstheit, die den Menschen, indem er sich selbst erkennt, immer wieder erschauern lässt: die merkwürdige, modern gesprochen, „Fehlkonstruktion" des Menschen, gleichzeitig in der Endlichkeit und in der Unendlichkeit zu stehen. Wir Menschen können in unserem Geist, in unserer Anschauung, unendliche Räume und Zeiten durchdringen, aber im eigentlichen Sinne *haben* davon können wir nur sehr kleine Ausschnitte räumlicher und zeitlicher Gegenwärtigkeit. Der große Philosoph der Melancholie, der dänische protestantische Denker und Essayist Sören Kierkegaard sagt in seinem Werk „Krankheit zum Tode", dass der Mensch eine Synthese darstellt zwischen Immanenz und Transzendenz, zwischen Endlichkeit und Unendlichkeit. Vom tiefenpsychologischen Standpunkt aus könte man sagen, das Erschrecken an der Endlichkeit ergibt sich durch das Erleben der Trennung. Das Hinausgeworfenwerden aus der symbiotischen Einheit mit der Mutter, mit der Mutterbrust. Es entsteht die Erkenntnis der räumlichen und zeitlichen Begrenztheit der Mutter – und der „Übergangsobjekte" nach Winnicott.
Die Frage der Religionen, die hier einsetzt, ist die: ist der Verlust der Geborgenheit wieder aufholbar, wieder zurückführbar in ein höheres Ganzes, das eine neue Geborgenheit, eine neue Sicherheit in einem größeren Raum zulässt: dem Raum des Göttlichen? Dann wären die Verlustangst und die Trauer ein

Motiv, den Menschen zu bekehren, ihm die Augen zu öffnen für Höheres, für Jenseitiges. Jesus hat dies in Gleichnissen so gesehen, die die Seligpreisungen möglich machen: „Selig die Trauernden, denn sie werden getröstet werden".

2.0 Philosophische Lyrik und das Unsagbare

Fragen wir nach dem Gesang als einer besonderen lyrischen Ausdrucksform und vermuten wir dahinter mehr, als nur eine Lebensform im Sinne von Wittgenstein, mehr als nur etwas Seins-bezogen Gebräuchliches, sondern eine Art von Fundamentalität, wie die Philosophie sie uns bietet, dann ist die Frage, was das sein könnte, eine philosophierende lyrische Form: sind die Lieder, die unser Herz ergreifen, philosophisch? Und wenn ja, in welchem Sinne? Es gibt in dieser Hinsicht eine Jahrtausende alte Tradition, die von dem frühgriechischen Oden-Sänger Pindar über Hölderlin und Rilke bis hin zu Ingeborg Bachmann reicht, und in deren Mittelpunkt die Überzeugung steht, dass es bestimmte Problemlagen, Themen, Reflexionsformen, Zuständlichkeiten und Erlebnisgehalte gibt, die sich nicht diskursiv in sprachlichen intentional definierbaren begrifflichen Formen aussagen lassen, sondern die eine gewissermaßen „klimatische" Eigentlichkeit der Form benötigen, um sich aussagen zu können, eine Form des Sagens des Unsagbaren darstellen, wie wir dies in der ganz, ganz späten Lyrik Rainer Maria Rilkes finden, insbesondere – kurz vor seinem Tode – in den „Sonetten an Orpheus", wo es heißt:

„Tanzt die Orange. Wer kann sie vergessen,
wie sie, ertrinkend in sich, sich wehrt
wider ihr Süßsein. Ihr habt sie besessen.
Sie hat sich köstlich zu euch bekehrt.
Tanzt die Orange. Die wärmere Landschaft,
werft sie aus euch, daß die reife erstrahle
in Lüften der Heimat! Erglühte, enthüllt.
 Düfte um Düfte...“

Was könnte das bedeuten, wenn der größte aller Sänger, der in den Hades hinabsteigen darf, um die Geliebte Eurydike aus den Fesseln des Todes zu befreien (ganz ebenso wie Andersens Nachtigall dies tut), der große Sänger Orpheus, von dem gesagt wird:

„O Orpheus singt! O hoher Baum im Ohr!
Und alles schwieg. Doch selbst in der Verschweigung
ging neuer Anfang, Wink und Wandlung vor.
Tiere aus Stille drangen aus dem klaren
gelösten Wald von Lager und Genist;
und da ergab sich, daß sie nicht aus List
und nicht aus Angst in sich so leise waren,
sondern aus Hören....“

‚so dass es schließlich zu dem Satz kommt: „Tanzt die Orange“?

Der Zusammenhang ist hier folgender: Pindar entdeckt im Rahmen der Preislieder, der Oden, der Hymnen, dass es einem solchen Liede eine ganz unvergleichliche Färbung und inhaltlicher Steigerung und Fundamentalität verleiht, wenn eine sog. „gnomische Wendung“ vollzogen wird, wenn beispielsweise im Rahmen einer Lobpreisung des Siegers und der Darstellung des traurigen Schicksals des Verlierers die anthropologisch-metaphysischen Frage plötzlich auf- und hereinbricht: „Was ist der Mensch, was ist er nicht – eines „Schattens Traum"…" Hier wird also nach einer Wirklichkeit gefragt, im substantiellen Sinne, im Hinblick auf das „Hypokeimenon", das zugrunde Liegende. Es geht um den sog. „ephemeren Charakter" des Menschenloses, des Menschenschicksals. Wir sind nicht in der Wirklichkeit, in der wir als Menschen meinen zu sein, sondern wir sind noch nicht einmal Schatten. Wir sind nur eines Schattens Traum. „Die Projektion einer Illusion" mehr nicht an Substanz: Derivate von Derivaten.

Lassen Sie mich, um dies zu verdeutlichen, den gnomischen Zusammenhang dieser berühmten Ode etwas ausführlicher vortragen:

„Wer einen frischen Erfolg erlost,
schwingt sich übermütig empor
aus der Fülle der Hoffnung
im Stolz seiner Größe.
Höheres noch als Schätze erstrebt er;
rasch vermehrt sich der Sterblichen Wonne,
rasch wieder sinkt sie zu Boden, erschüttert
von irrender Absicht.
Eintagsmenschen! Was seid ihr?
Was sei ihr nicht? Eines Schattens Traum
ist der Mensch. Doch naht ihm ein heller,
gottgesendeter Glanz, dann leuchtet
strahlend ein Licht den Menschen,
und leicht wird das Leben."

Dieser „gottgesendete Glanz", der dazu führt, dass ein strahlendes Licht leuchtet und den Menschen „das Leben leicht" wird, steht in engem Zusammenhang mit Ingeborg Bachmanns Darstellung der Nachtigall des sterbenden Kaiser auf dem „einzigen hellen Zweig in der Finsternis" wenn sie davon spricht, dass „diese Musik die dich freundlich und stark macht an allen Tagen, so dass du gerne wieder isst und trinkst wegen ihr". Man könnte in diesem Sinne Ingeborg Bachmann fast als Pindarikerin bezeichnen, ein Begriff, der sich eigentlich auf Hölderlin bezieht. Dieser pindarsche Satz ist bis heute unvergessen. Michael Theunissen hat ihm in seinem Pindar-Buch über Zeitformen, über Zeitenwende ein über tausend-seitiges Werk gewidmet; und der große Sänger Heinrich Heine greift diese Metapher auf in seinem Buch „Le Grand". Hölderlin – als Pindariker – ist ein philosophischer Lyriker mit großen grnomischen Wendungen, z.B. in dem Werk „Andenken" von Hölderlin; hier ist es die letzte Strophe, die eine gnomische Wendung ins Allgemeine enthält, mit folgenden Worten:

„Es nehmet aber und giebt Gedächtniß die See,
und die Lieb´ auch heftet fleißig die Augen,
was bleibet aber, stiften die Dichter."

Dieter Henrich hat in seinem Buch „Der Gang des Andenkens – Beobachtungen und Gedanken zu Hölderlins Gedicht" hierzu ausführlich Stellung genommen indem er sagt: „'Andenken', dies späte Gedicht Hölderlins, tritt mit seinen Schlußsätzen in die Nähe der Philosophie, die Hölderlin viele Jahre zuvor erarbeitet hatte. . . Wir haben Andenken nicht als Stadium in einer philosophischen Entwicklung zu nehmen. Wir gingen nur darauf aus, verstehen zu können, wie das Gedicht aus seinem Gang und

Bau die Sätze, in denen es schließt und die es so weit zu überragen scheinen, freizusetzen, wie es sie in sich zu halten und zu bewähren vermag."

In unserem Zusammenhang ist wichtig deutlich zu machen, dass das, was die Nachtigall für den chinesischen Kaiser bedeutet, letztlich diejenige Art von Singen und Gesang repräsentiert, was von Pindar über Hölderlin und Rilke die transzendierende Form von Lyrik beinhaltet.

Was bedeutet nun aber konkret Ingeborg Bachmanns Konzept des Unsagbaren? In welcher Weise artikuliert es sich? Einmal in der Lyrik selbst; zum anderen im philosophischen Roman.

3.0 Ingeborg Bachmanns Philosophie des Unsagbaren in dem Romanprojekt „Todesarten"

„Schlagt alle Bücher zu, das Abrakadabra der Philosophen, dieser Angstsatyren, die die Metaphysik bemühen und nicht wissen, was die Angst ist. Die Angst ist kein Geheimnis, kein Terminus, kein Existential, nichts Höheres, kein Begriff. Gott bewahre, nicht systematisierbar. Die Angst ist nicht disputierbar, sie ist der Überfall, sie ist der Terror, der massive Angriff auf das Leben. Das Fallbeil, zu dem man unterwegs ist, in einem Karren, zu seinem Henker, angeblickt von einer verständnislosen Umgebung, einem Publikum, und mein Publikum war mein Mörder."

Aus „Der Fall Franza"

Ingeborg Bachmann hat in den letzten 11 Jahren ihres Lebens ein abgründiges Spätwerk geschaffen, ein Riesenwerk mit dem Titel „Todesarten", das in seinen Einzelheiten und Entwürfen erst in den letzten ca. 8 Jahren veröffentlicht worden ist. Diese Texte sind von bedrückender Aktualität und Tiefe und sie sind gerade für die Tiefenpsychologen und die philosophischen Psychologen enorm bedeutungsvoll und ertragreich.

Es handelt sich dabei um 4 komplex ineinander verfugte Romane: „Malina", „Der Fall Franza", „Fanny Goldmann" und um den „Rottwitz-Roman", unvollendete Werke und Werkfragmente, die gerade in ihrem fragmentarischen Charakter – in ihrer spezifischen Bezogenheit aufeinander – ihrerseits Zeugnis ablegen vom Phänomen der Dissoziation und Selbstentfremdung. Diese Texte kann man auffassen als die quasi tektonischen Schichten eines Gebirges, durch die der Leser seinen je eigenen Weg hindurch finden und somit erlesen wird. Hinzu kommen die erst kürzlich veröffentlichten, nicht zur Publikation vorbestimmten Gedichte aus dem Nachlass – von einzigartiger Prägnanz und zugleich Tragik. Ich werde nun über zwei Aspekte dieser Werke sprechen: Angst und Dissoziation. Um Sie in den heiligen Ernst, die spezifische Sprachlichkeit und Besonderheit des „Todesarten-Projekts" einzuführen, beginne ich mit der von Ingeborg Bachmann 1966 in Zürich vorgetragenen Vorrede, die einen Blick auf das Gesamtkonzept „Todesarten" zulässt.

„Meine Damen und Herren, ich habe ihnen einige Stücke aus einem Roman vorzulesen, es sollten vier Kapitel sein, aber da ich mich in dem Papierwust eines Prosaisten noch nicht zurechtfinde, sind es doch nur zwei Kapitel, das erste und das letzte, die jetzt soviel Platz und Zeit wegnehmen wie vier. Da Sie immer nur über ein Bruchstück Aufschluß erhalten, müßte ich Sie mit einem Inhaltsverzeichnis ausrüsten, aber Sie wissen wohl, daß es heute schwer ist, für ein Buch eine Inhaltsangabe zu machen. Der Inhalt also, der nicht der Inhalt ist, sieht so aus: ein junger Mann, Assistent an einem Wiener Institut, Geologe, der sich zuletzt umentschließen wird, die Zeitalter zugunsten des Zeitalters aufgibt und Historiker wird, ein Mann von achtundzwanzig Jahren, in Wien wohnhaft, aus Kärnten stammend, trifft vor einer Reise, zu der ihm ein ihm irrtümlich zugefallenes Stipendium verhilft, mit seiner Schwester zusammen, die schwerkrank aus einer Klinik in Baden bei Wien verschwunden ist. Diese ältere Schwester nun, ihr Sterben, ist in diesem Buch, und die Begleitung, die der Bruder ihr gibt, der am Ende aller Bindungen ledig wird. Das Buch ist aber nicht nur eine Reise durch eine Krankheit. Todesarten, unter die fallen auch die Verbrechen. Das ist ein Buch über ein Verbrechen. Es ist mir und wahrscheinlich auch Ihnen oft durch den Kopf gegangen, wohin das Virus Verbrechen gegangen ist - er kann doch nicht vor zwanzig Jahren plötzlich aus unsrer Welt verschwunden sein, bloß weil hier Mord nicht mehr ausgezeichnet, verlangt, mit Orden bedacht und unterstützt wird. Die Massaker sind zwar vorbei, die Mörder noch unter uns, oft beschworen und manchmal festgestellt, nicht alle, aber einige, in Prozessen abgeurteilt. Die Existenz dieser Mörder ist uns allen bewußt gemacht worden, nicht durch mehr oder minder verschämte Berichterstattung, sondern eben auch durch die Literatur. Nun hat dieses Buch aber wenig, nur sehr wenig damit zu tun. Es versucht, mit etwas bekanntzumachen, etwas aufzusuchen, was nicht aus der Welt verschwunden ist. Denn es ist heute nur unendlich viel schwerer, Verbrechen zu begehen, und daher sind diese Verbrechen so sublim, daß wir sie kaum wahrnehmen und begreifen können, obwohl sie täglich in unserer Umgebung, in unserer Nachbarschaft begangen werden. Ja, ich behaupte und werde nur versuchen, einen ersten Beweis zu erbringen, daß noch heute sehr viele Menschen nicht sterben sondern ermordet werden. Denn nichts ist ja, wenn auch nicht gewaltiger, das vielleicht, aber jedenfalls ungeheurer als der Mensch, wenn ich Sie an eine Schulstunde erinnern darf. Die Verbrechen, die Geist verlangen, an unseren Geist rühren und weniger an unsre Sinne, also die uns am tiefsten berühren - dort fließt kein Blut, und das Gemetzel findet innerhalb des Erlaubten und der Sitten statt, innerhalb einer Gesellschaft, deren schwache Nerven vor den Bestialitäten erzittern. Aber die Verbrechen sind darum nicht geringer geworden, sie verlangen nur ein größeres Raffinement, einen anderen Grad von Intelligenz, und sie sind schrecklich."

Aus dieser Vorrede wird von vornhinein klar, dass es hier um etwas ganz Fundamentales geht: um ein Lebenskonzept im Hinblick auf das Problem Trauma, Traumatisierung, frühe und späte seelische Erschütterung, Seelentod, psychischen Mord.

Das Faszinierende an Ingeborg Bachmanns Darstellung, das was für uns Psychotherapeuten und Psychoanalytiker fundamental ist, ist der Begriff des „sublimen Verbrechens", des sublimen Mordes innerhalb der Grenzen des Erlaubten. Das ist etwas, womit wir als Therapeuten so häufig konfrontiert werden, Seelenmord innerhalb der Grenzen des Legalen, des Gewöhnlichen, des Unauffälligen, des Erlaubten. So sagt die Dichterin: „...daß wir die sublimen Verbrechen kaum begreifen können, obwohl sie täglich in unserer Umgebung, unsere Nachbarschaft begangen werden."

Dieses Konzept gibt natürlich der Frage nach Angst und Dissoziation ein ganz besonderes Gepräge.

Was ist nun aber das Besondere (die Legitimation) an einer Ingeborg-Bachmann-Vorlesung in psychotherapeutischer Hinsicht? Es ist m.E. die vermittelnde Konstellation zwischen literarischem Kunstwerk, psychischem Geschehen und Philosophie.

4.0 Ingeborg Bachmanns musikphilosophische Konzeption

Mit Ingeborg Bachmanns Frage „Was aber ist Musik?" ist von vornhinein eine Ambiguität angesprochen. Man kann die Frage nämlich auch so formulieren: „Was aber <u>ist</u> Musik?", so dass in erster Linie das Wort „ist" betont wir. Wir können also nach einer Seinsform fragen, nach eine Ontologie. Was ist das Sein der Musik? Und man kann die Frage stelle, warum ist für das Spätwerk Ingeborg Bachmanns diese Frage so bedeutungsvoll, diese Frage nach dem Sein der Musik? Es geht um eine Lösung des Problems des Unsagbaren und diese Lösung löst sich in einer neuen Unsagbarkeit, nämlich der Unsagbarkeit dessen, was Musik „<u>ist</u>". Dieses Sein des unsagbar Gesagten ist ein Sein, das wir in der Interpersonalphilosophie von Reinhard Lauth als „intentionales Wesen" kennen gelernt haben. So sagt Reinhard Lauth in seinem 1969 publizierten Buch „Ethik" über die Grundprinzipien des „Interpersonalschemas": „ „Personen sind füreinander nur im Verhältnis von Aufruf und Antwort da. Nun ist aber die Antwort immer frei. der Aufgerufene kann auf den Aufruf und die in diesem beschlossene Aufforderung eingehen oder sie abweisen." Dabei sind diese Aufrufe nach Lauth so etwas wie „Träger von intentionalem Wesen" und genau ein solcher Aufruf wird durch die Nachtigall an den sterbenden Kaiser herangetragen und er ist eben gerade derjenige, der auf den Aufruf antwortet, wobei das „intentionale Wesen" durch das Medium der Musik repräsentiert wird.

Was aber sagt nun die Dichterin, wenn sie Hans Christian Andersens Nachtigall als Folie wählt, um uns deutlich zu machen, was sie uns über das Sein der Musik sagen will? In Ingeborg Bachmanns Refomulierung der Begegnung des sterbenden Kaisers mit der Nachtigall wird m.E. eine neue Dimension der von Reinhar Lauth postulierten Interpersonalphilosophie deutlich gemacht, in der sich der sterbende Kaiser in ein völlig gleichgewichtiges, gleichrangiges interpersonales Anerkennungsverhältnis begibt, das von Ingeborg Bachmann folgendermaßen beschrieben wird:

„Du vernimmst ihr herrliches Wort und trägst ihr dein Herz an dafür. Sie legt es auf ihre Zunge, taucht es ins Naß und schickt es durch das dunkle Tor dem, der es öffnet, entgegen."

Entscheidend scheint mir hier die Passage zu sein, die aussagt, dass der sterbende Hörende der Nachtigall sein Herz anträgt; und zwar dies deshalb, weil er ihr herrliches Wort vernimmt. Dieses Vernehmen aber ist etwas, was Rilke in den Sonetten an Orpheus als das entscheidende Ingrediens, der wenn man so will „musikalischen Sendung" herausgearbeitet hat - dies im Gegensatz zu den wesentlich früheren Gedichten in „Buch der Bilder", wo es um das konstruktivistische Erzeugen des Wahrzunehmenden geht. Da heißt es: „Mit deinen Augen … hebst du … einen Baum … und hast die Welt gemacht." Beim späten Rilke heißt es: „O Orpheus singt! O hoher Baum im Ohr! … da schaffst du ihnen Tempel im Gehör." und ganz analog finden wir bei Ingeborg Bachmann das reine Vernehmen des herrlichen Wortes und den Herzensantrag. Die Nachtigall legt ihr herrliches Wort auf ihre Zunge und inkarniert es förmlich, indem sie es „ins Nass taucht" und schickt es nur demjenigen entgegen, der das dunkle Tor öffnet. Wir also, die Hörer, müssen sehr aktiv sein in dem Vernehmen des herrlichen Wortes und erst dann kommt die große Belohnung, die Ingeborg Bachmann uns ankündigt, wenn sie sagt:

"Was aber ist diese Musik, die dich freundlich und stark macht an allen Tagen? Wie kommt s, daß du wieder gerne ißt und trinkst wegen ihr und deinen Nächsten zum Freund gewinnst? Und was ist diese Musik, die dich zittern macht und dir den Atem nimmt, als wüßtest du deine Geliebte vor der Tür stehen und hörtest den Schlüssel schon sich drehen?" (kompletter Text siehe Seite 11-12)

Ingeborg Bachmann allerdings ist nicht nur Lyrikerin. Sie ist eine große philosophische Dichterin und hat auch diskursive philosophische Texte verfasst, zum einen ihre Dissertation über Heidegger, zum anderen das berühmte Radioessay über Wittgenstein. Insofern ist es nicht verwunderlich, wenn es immer auch um das „Schicksal des Geistes" geht: „nachdem so viele Feuer an ihn gelegt wurden". Es geht nicht primär um eine zerstörte Gefühlswelt. So ist dies auch in dem oben angesprochenen Franza-Roman: Die dissoziative Störung der Franziska Ranner als einer Trauma-Patientin mit einem schweren Lebensschicksal wird nicht als primäre Gefühlsstörung von der Dichterin dargestellt, sondern als ein geistiges Schicksal nach und durch ein Trauma. Und so beginnt der Franza-Roman mit dem Satz des Bruders der Franziska Ranner, der Ehemann von Franziska habe diese „zu Grunde gerichtet".

„Der Professor, das Fossil, hatte ihm die Schwester zugrunde gerichtet."

„Und auf der Fahrt nach Wien, als der Zug über Bruck an der Mur hinausholperte, auf Mürzzuschlag zu und noch vor dem

Semmeringtunnel, der ihm einmal als der längste der Welt erschienen war, meinte er, Franzas Mitteilung verstanden zu haben, wenn man das eine Mitteilung nennen konnte."

„Typisch Franza, und ein Telegramm mußte es sein. Einen Brief hat sie nicht schreiben können, und mindestens ein paar Jahre lang war es auch ohne ihn gegangen, nein schon 10 Jahre lang, genaugenommen, seit sie das Fossil, durch welchen Ratschluß wohl? seit sie überhaupt nicht mehr war wie früher und fort aus seinem Leben, verschwunden nicht nur aus Baden bei Wien jetzt, in dem Sinn, in dem Verschwinden wirklich aufzufassen ist, sondern entwichen wie aus Galicien so auch in Wien ihm entwichen und vor ihm zurückgewichen, seit sie . . . Wer war sie geworden, sie, die er dachte wohl nur an jemand, der nicht mehr sie war und nicht mehr die. Und typisch, sagte er sich, obwohl sie ihm gewiß nur wenige Telegramme geschickt hatte, vielleicht war das sogar erst das zweite oder dritte in zehn Jahren, aber typisch sollte es sein, so wollte er es in der Dunkelheit, in der ihm die Zigarette nicht mehr schmeckte, und [er] zerdrückt sie, typisch, im Aschenbecher, der klemmte."

Es werden Feuer gelegt, der Geist wird in Asche verwandelt. Bei Ingeborg Bachmann gibt es aber eine Rettung, wenn das geistig gefährdete Subjekt das Tor für die Musik öffnet. So wie die Tiere bei Rilkes Sonetten an Orpheus den Gesang des Orpheus hören und dadurch still werden.

„Tiere aus Stille drangen aus dem klaren
gelösten Wald von Lager und Genist;
und da ergab sich, daß sie nicht aus List
und nicht aus Angst in sich so leise waren,
sondern aus Hören. Brüllen, Schrei, Geröhr

148

schien klein in ihren Herzen. Und wo eben
kaum eine Hütte war, dies zu empfangen,
ein Unterschlupf aus dunkelstem Verlangen
mit einem Zugang, dessen Pfosten beben, —
da schufst du ihnen Tempel im Gehör.‟

5.0 Rainer Maria Rilkes Philosophie des Gesangs in seiner späten Lyrik „Sonette an Orpheus‟.

Rainer Maria Rilke hat nach Abschluss der zweiten Serie von Duineser Elegien im Turm Muzot in der Schweiz in einer geradezu explosionsartigen schöpferischen Phase, die der jungen und kurz zuvor verstorbenen Tänzerin Wera Knoop gewidmeten „Sonette an Orpheus‟ geschrieben, die implizit eine hoch ausdifferenzierte Musikphilosophie enthalten. Um uns in diese Musikphilosophie einzuführen, soll zuerst die tänzerische Komponente hier aufleuchten, die letztlich sich auf die verstorbene jugendliche Tänzerin Wera Knoop bezieht. Der Zusammenhang ist der, dass das unmittelbare Empfinden, das im 13. Sonett sich auf Apfel, Birne und Stachelbeere bezieht, transponiert wird in Musik und letztlich in den Tanz.

„Wartet …, das schmeckt … Schon ist's auf der Flucht.
… Wenig Musik nur, ein Stampfen, ein Summen –
Mädchen, ihr warmen, Mädchen, ihr stummen,
tanzt den Geschmack der erfahrenen Frucht!‟
Hier geht es also um Musikalisierung des unmittelbaren und letztlich nicht beschreibbaren Geschmackserlebens durch das Medium des Tanzes und deshalb heißt es letztlich dann: „Tanzt die Orange…‟

Wie aber wird im ersten Teil die lyrische Gesangskonzeption des Orpheus eingeführt? Diese Passage bezieht sich wiederum auf Wera Ouckama Knoop und lautet:

„Und fast ein Mädchen wars und ging hervor
aus diesem einigen Glück von Sang und Leier
und glänzte klar durch ihre Frühlingsschleier
und machte sich ein Bett in meinem Ohr.
Und schlief in mir. Und alles war ihr Schlaf.
Die Bäume, die ich je bewundert, diese
fühlbare Ferne, die gefühlte Wiese
und jedes Staunen, das mich selbst betraf.
Sie schlief die Welt. Singender Gott, wie hast
du sie vollendet, daß sie nicht begehrte,
erst wach zu sein? Sieh, sie erstand und schlief.
Wo ist ihr Tod? O, wirst du dies Motiv
erfinden noch, eh sich dein Lied verzehrte? —
Wo sinkt sie hin aus mir? ... Ein Mädchen fast ...“

Dass die auf diese Weise errungene tänzerische Musik tatsächlich einen transzendierenden, erlösenden Aspekt enthält, zeigt Rilke im zweiten Teil der Sonette an Orpheus im 10. Sonett, wo es um die bedrohliche einbrechende Macht der Maschinen geht: „Alles Erworbne bedroht die Maschine...“ und da heißt es in geradezu witziger Weise:

„Nirgends bleibt sie zurück, dass wir ihr *ein* Mal entrönnen
und sie in stiller Fabrik ölend sich selber gehört.“

Und die Wendung, die Rilke dann findet, lautet:

„Worte gehen noch zart am Unsäglichen aus …
Und die Musik, immer neu, aus den bebendsten Steinen,
baut im unbrauchbaren Raum ihr vergöttlichtes Haus."

Diese errettende Funktion der Musik wird auch besonders
deutlich im letzten Sonett des 1. Teils wo es heißt: „

„Du aber, Göttlicher, du, bis zuletzt noch Ertöner,
da ihn der Schwarm der verschmähten Manaden befiel,
hast ihr Geschrei übertönt mit Ordnung, du Schöner,
aus den Zerstörenden stieg dein erbauendes Spiel.
Keiner war da, daß sie Haupt dir und Leier zerstör.
Wie sie auch rangen und rasten, und alle die scharfen
Steine, die sie nach deinem Herzen warfen,
wurden zu sanftem an dir und begabt mit Gehör

Schließlich zerschlugen sie dich, von der Rache gehetzt,
während dein Klang noch in Löwen und Felsen verweilte
und in den Bäumen und Vögeln. Dort singst du noch jetzt.

O du verlorener Gott! Du unendliche Spur!
Nur weil dich reißend zuletzt die Feindschaft verteilte,
sind wir die Hörenden jetzt und ein Mund der Natur."

10. Unsagbarkeit und Trauma – zum „Todesarten"-Projekt von Ingeborg Bachmann

Hamburg, 1/09

1.0 Einleitung

In diesem Text geht es um ein abgründiges Werk Ingeborg Bachmanns mit dem Titel „Todesarten". Todesarten, das sind die Weisen, in denen man zu Tode kommt. In einer Vorrede zum Roman, „Der Fall Franza", die sie 1965 im Radio gelesen hat, heißt es hierzu: „Das Buch ist (aber) nicht nur eine Reise durch eine Krankheit. Todesarten, unter die fallen auch die Verbrechen. Das ist ein Buch über ein Verbrechen. Es ist mir, und wahrscheinlich auch Ihnen oft durch den Kopf gegangen, wohin das Virus Verbrechen gegangen ist - es kann doch nicht vor 20 Jahren plötzlich aus unserer Welt verschwunden sein, bloß weil hier Mord nicht mehr ausgezeichnet, verlangt, mit Orden bedacht und unterstützt wird. Die Massaker sind zwar vorbei, die Mörder noch unter uns, oft beschworen und manchmal festgestellt, nicht alle, aber einige, in Prozessen abgeurteilt. Die Existenz dieser Mörder ist uns allen bewußt gemacht worden, nicht nur durch mehr oder minder verschämte Berichterstattung, sondern eben auch durch die Literatur. Nun hat dieses Buch aber wenig, nur sehr wenig damit zu tun. Es versucht, mit etwas bekanntzumachen, etwas aufzusuchen, was nicht aus der Welt verschwunden ist. Denn es ist heute nur unendlich viel schwerer, Verbrechen zu begehen, und daher sind diese Verbrechen so sublim, daß wir sie kaum wahrnehmen und begreifen können, obwohl sie täglich in unserer Umgebung, in unserer Nachbarschaft begangen werden. Ja, ich behaupte und werde nur versuchen, einen ersten Beweis zu erbringen, daß noch heute sehr viele Menschen nicht sterben sondern ermordet werden."

Was ist das Besondere an einer solchen Ingeborg-Bachmann-Vorlesung? Es ist die vermittelnde Konstellation zwischen literarischem Kunstwerk, psychischem Geschehen und Philosophie.

Ich möchte versuchen, diese Vermittelungsleistung deutlich zu machen anhand eines Beispiels aus der Philosophie des deutschen Idealismus, in diesem Falle von Schelling. Dabei ging es Schelling um die Frage, wie wir Wissenschaft und Leben, die immer mehr auseinanderzutreten drohten, noch miteinander verbinden können. Schelling war der Meinung, dass eine vermittelnde Position zwischen Wissenschaft und Leben nur in der Form der Kunst möglich ist. In unserem Fall in philosophischer Dichtung, philosophischer Lyrik, ist es die Verbindung von philosophischer Wissenschaft, psychischem Leben und der Kunst der Schriftstellerin, die uns als vereinigende Triangulierung entgegentritt. Dies hat mit der für mich zentralen Einfangsfrage dieser Vorlesung zu tun: <u>gibt es eine angemessene Sprache für unser seelisches Dasein?</u> Dabei geht es um eine Form der Realität, die das „Innen" betrifft, die z.B. „tatsächlichen Dramen", die sich real abspielen. Dies ist ein vehementer Aufstand gegen das Wegrationalisieren des Erlebens, des Pathischen, des Traumatischen, des an sich Heranlassens der Verletzungen im Selben und im Anderen. So heißt es in der Vorrede zum Franza-Roman: „Die Schauplätze sind Wien, das Dorf Galicien und Kärnten, die Wüste, die arabische, lybische, die sudanische. Die wirklichen Schauplätze, die inwendigen, von den

154

äußeren mühsam überdeckt, finden woanders statt. Einmal in dem Denken, das zum Verbrechen führt, und einmal in dem, das zum Sterben führt. Denn es ist das Innen, in dem alle Dramen stattfinden, kraft der Dimension, die wir oder imaginierte Personen diesem Leidenmachen und Erleiden verschaffen können. Es ist nicht wahr, daß wir in einer Zeit ohne Dramen leben, die Behauptung ist so unhaltbar wie jede andre, auch die meine vielleicht, daß es sie gibt. Aber ich fürchte, da ich hier mein Buch zu vertreten habe, für dieses Buch zu fürchten habe, daß die andre Behauptung und die andren Theorien die unwahren sind."

Diese Position des „Authentischen" in der Dichtung hat I. Bachmann in ihren Frankfurter Poetik-Vorlesungen 1959/1960 ausführlich dargelegt und begründet. Da heißt es: „Von einem notwendigen Antrieb, den ich vorläufig nicht anders als einen moralischen vor aller Moral zu identifizieren weiß, ist gesprochen worden, einer Stoßkraft für ein Denken, das zuerst noch nicht um Richtung besorgt ist, einem Denken, das Erkenntnis will und mit der Sprache und durch Sprache hindurch etwas erreichen will. Nennen wir es vorläufig: Realität. Ist diese Richtung einmal eingeschlagen, und es handelt sich nicht um eine philosophische, um keine literarische Richtung, so wird sie immer eine andere sein. Sie führte Hofmannsthal woanders hin als George, sie war eine andere wieder für Rilke, eine andere für Kafka; Musil war einer ganz anderen bestimmt als Brecht. Dieses Richtungnehmen, dieses Geschleudertwerden in eine Bahn, in der gedeiht und verdirbt, in der von Worten und Dingen nichts Zufälliges mehr Zulaß hat ... Wo dies sich zuträgt, meine ich, haben wir mehr Gewähr, für die Authentizität einer dichterischen Erscheinung, als wenn wir ihre Werke absuchen nach glücklichen Merkmalen von Qualität."

Die Lebensthemen, die dazu führten, dass bei I. Bachmann Sprache als Realität erscheint, Themen, die dieses „Geschleudertwerden" bewirken (Kategorialisierung, Schematismus), sind bei I. Bachmann in dem riesigen Werk „Todesarten" untereinander verfugt. Sie stammen aus frühen traumatischen Erlebnissen, die sie mit 12 Jahren durchlitt, und die mit dem Einmarsch der Nazis in Klagenfurt das Schreien und Marschieren und die Gewalttätigkeit des „Besetzens" in ihrem Tagebuch reflektiert werden. „Es hat einen bestimmten Moment gegeben, der hat meine Kindheit zertrümmert. Der Einmarsch von Hitlers Truppen in Klagenfurt. Es war etwas so Entsetzliches, daß mit diesem Tag meine Erinnerung anfängt. Durch einen zu frühen Schmerz, wie ich ihn in dieser Stärke vielleicht später überhaupt nie mehr hatte. Natürlich habe ich das alles nicht verstanden in dem Sinn, in dem es ein Erwachsener verstehen würde. Aber diese ungeheure Brutalität, die spürbar war, dieses Brüllen, dieses Singen und Marschieren – das Aufkommen meiner ersten Todesangst. Ein ganzes Heer kam da in unser stilles, friedliches Kärnten...".

Das große Thema, das hier angeschlagen wird, ist die Frage nach der Vergewaltigung der Wirklichkeit (und damit auch der Sprache) durch eine Form der Totalisierung, für die Emmanuel Levinas in seinem Werk „Totalität und Unendlichkeit" den Begriff der „Kriegsontologie" gefunden hat. I. Bachmann hat diese Frage in der Situation als 19jährige in der Befreiung sehr stark thematisiert. So heißt es in der Biographie von Hans Höller: „Als ihr und den anderen Mädchen Anfang 1945 befohlen wurde, am Stadtrand von Klagenfurt Verteidigungsgräben auszuheben, beratschlagen sie untereinander die Desertion. *Ich habe immer nur gedacht, dass das zum Himmel schreit, was man mit uns treibt. Die Erwachsenen, die Herren „Erzieher", die uns umbringen wollen.* Sie bereitet die Flucht ins Gailtal vor. *Wilma hat Angst, dass wir wegen Desertion erschossen werden könnten.* Und dann steht im Tagebuch die Eintragung: *Nein, mit den Erwachsenen kann man nicht mehr reden.* Die Welt des Kriegs, den die Nazis entfesselt haben, ist zum Alptraum geworden, unbändig der Wunsch, aus der „Ödnis eines entlarvten Landes" (Ilse Aichinger) wegzukommen."

2.0 Lesung

„Wenn ein Zug durch den Semmeringtunnel fährt, wenn die Rede davon ist, daß er nach Wien fährt, etwas genannt wird, eine Stadt, die so heißt, und ein Ort, der Galicien heißt, wenn von einem jungen Mann die Rede ist, der sich ausweisen können sollte als ein Martin Ranner, aber ebensogut Gasparin heißen könnte, und man wird sehen, wenn nicht überhaupt noch ganz anders - wenn also . . . Und da sich beweisen läßt, daß es Wien gibt, man es aber mit einem Wort nicht treffen kann, weil Wien hier auf dem Papier ist und die Stadt Wien immerzu woanders, nämlich 48° 14′ 54′′ nördlicher Breite und 16° 21′ 42′′ östlicher Länge, und Wien hier also nicht Wien sein kann, weil hier nur Worte sind, die anspielen und insistieren auf etwas, das es gibt, und auf etwas anderes, das es nicht gibt, schon einmal diesen bestimmten Zug nicht, der durch den genannten Tunnel fährt, und nicht den jungen Mann, der in dem Zug durch den Tunnel fährt - was ist dann? Obwohl die Zugauskunft zugeben würde, dass hier (wo hier?) jeden Tag Züge durch den Tunnel fahren und auch nachts, aber diesen hier könnte sie ja nicht zugeben, den hier auf dem Papier: dann kann also kein Zug fahren und niemand darin sein, dann kann das ganze nicht sein und auch nicht: er dachte, las, rauchte, schaute, sah, ging, steckte ein Telegramm weg (man sieht dies alles Martin Ranner tun), später: er sagt - dann kann doch niemand reden, wenn es alles zusammen nicht gibt. Nur das Wortgeröll rollt, nur das Papier lässt sich wenden mit einem Geräusch, sonst tut sich nichts, wendet sich nichts, wendet sich keiner um und sagt etwas. Wer also wird etwas sagen und was sich zusammensetzen lassen aus Worten – alles was es beinahe gibt, und vieles, was es nicht gibt. Das Papier aber will durch den Tunnel, und ehe es einfährt (aber da ist es schon eingefahren!), ehe es, da ist es noch unbedeckt mit Worten, und wenn es herauskommt, ist es bedeckt und beziffert und eingeteilt, die Worte formieren sich, und mitgebracht aus der Finsternis der Durchfahrt (bei nur blauer Lampe) rollen die Einbildungen und Nachbildungen, die Wahnbildungen und Wahrbildungen ans Licht, rollen heraus aus einem Kopf, kommen über einen Mund, der von ihnen spricht und behauptet und es verläßlich tut wegen des Tunnel im Kopf, aber auch dieser Tunnel ist ja nicht da, ein Bild nur, von Zeit zu Zeit unter einer bestimmten Schädeldecke, die aufzuklappen auch wenig Sinn hätte, denn da wäre noch einmal nichts, keiner der beiden Tunnel.

Was also soll das? Und ein Exkurs, während ein Zug durch den Semmeringtunnel fährt, müßte enden damit, daß es sich bei dem Zug, aber allem anderen ebensogut, um einen Irrtum handelt, und nun kann der Zug unserethalben fahren, indem von ihm geschrieben, gesprochen wird, er wird jetzt fahren, weil auf ihm bestanden wird. Denn die Tatsachen, die die Welt ausmachen - sie brauchen das Nichttatsächliche, um von ihm aus erkannt zu werden."

2.1 Wie wird man zum Fall?

Der Roman heißt nicht umsonst „Der Fall Franza" (er wird in manchen Fällen auch „Das Buch Franza" genannt). Franziska Jordan, geb. Ranner, erlebt sich als jemand, dessen Leben zu einer Fallgeschichte, zu einer Casuistik gemacht worden ist. Cadere heißt fallen; wenn Menschen etwas „ordnen", dann sortieren sie; die Dinge fallen hinein in Sortierkörbe. Die Vielfalt des Lebens, die wir alle in uns haben, die Einmaligkeiten, die Unverwechselbarkeiten, die „Singularitäten", das Einzelne und Besondere: Sie lassen sich im Sinne der Reduktion, der Rückführung, der rückführenden Vereinfachung auf Fälle, auf Fallbeispiele beziehen; das nennt man Wissenschaft. Etwas wissen heißt etwas <u>als</u> etwas wissen. Wir wissen etwas „als dieses da"; dies bedeutet sehr schnell auch eine Verkleinerung, worauf insbesondere Emmanuel Lévinas (in seinem Werk „Totalität und Unendlichkeit") hinwies. Im Leben wiederholt sich so vieles als einem schon Dagewesenen ähnlich oder sogar damit identisch, dass das Wissen von etwas „als etwas" in der Regel als Sortiervorgang erscheint.

In der klassischen Metaphysik des Aristoteles sind es die Kategorien, die dafür sorgen, dass Ordnung sein kann. Katágoros aber heißt der Ankläger. Damit sind wir in einem „juridischen" Zusammenhang angekommen, auf den der Philosoph Dieter Henrich im Hinblick auf die Kategorientafeln in Kants „Kritik der reinen Vernunft" hingewiesen hat. (Henrich, 1985) Juridisch heißt „auf das Recht bezogen". Den Dingen soll Recht geschehen (wie in Kleists Drama „Der zerbrochne Krug", wo die Mutter Marthe die Frage stellt, ob dem zerbrochnen Krug „sein Recht geschehen" kann).

Wie kann man den Dingen dieser Welt, den Dingen des Lebens gerecht werden? Eine Weise, dies zu tun, sind „Fall-Geschichten". Bei Ingeborg Bachmann heißt es, dass das Leben, ja sogar die Küsse: „Gewogen, zerlegt, pulverisiert, eingeteilt und untergebracht" werden. Lévinas spricht wie gesagt von der „Kriegsontologie", wie wir sie in dem modernen (scheinbar) naturbeherrschenden Lebensgefühl abendländischer Wissenschaftlichkeit etablieren:

Im Krieg zerreißt die Wirklichkeit die Wörter und Bilder, die sie kaschieren, um sich in ihrer Nacktheit und Härte aufzuzwingen. Harte Wirklichkeit (das klingt wie ein Pleonasmus!), harte Lehre der Dinge: Sobald er ausbricht, sobald die Schleier in Flammen aufgehen, zeigt sich der Krieg als die reine Erfahrung des reinen Seins. Das ontologische Ereignis, das sich in dieser schwarzen Klarheit abzeichnet, ist die Mobilisierung der bis dahin in ihrer Identität verankerten Seienden. (Levinas 1987, 19)

Wie aber wird Franza zum Fall? Zum Fall werden heißt, angeklagt werden, heißt reduziert werden auf einen Allgemeinzusammenhang, der gesetzesartigen Charakter hat. Die Beschreibungsweisen derartiger gesetzesartiger Zusammenhänge sind Theorien. Theorien spielen im „Fall Franza" deshalb eine wichtige Rolle; sie treten auf als Buchtitel, Arbeitsprogramme etc.

„Am nächsten Tag Vortrag über das Personale. Akt der Liebe. Das sind Widersprüche. Davon wird die Welt in die Luft gehen, das Feuer ist nur zuletzt an die Lunte gekommen, das Dynamit war von der ersten Woche an vermehrt worden, das über Jahre [...]." (Bachmann 1978 , 408)

„Das ist es. Darauf könntest du schwören. Dein tyrannisches Gehirn, seine geheimen Spiele zwischen Cortex und Zwischenhirn, seine vom Zwischenhirn in Gang gesetzten Akte und ihre kortikale Ausarbeitung, warum hast du von ihm gesagt „Fossil", o nein, wie irrst du dich, er ist heutiger als ich, ich bin von niedriger Rasse, seit das geschehen ist, weiß ich, daß sich das selbst vernichtet, ich bin es, er ist das Exemplar, das heute regiert, das heute Erfolg hat." (Bachmann 1978 , 412)

„Ich war doch nicht krank, ich bin doch nicht als Patient[4] zu ihm gekommen, das hätte ihn gerechtfertigt. Ich bin zu ihm gegangen, habe mich ihm anvertraut, was könnte die Ehe sonst sein als Anvertrauen, es in jemands Hände legen, was man ist, wie wenigs auch sei." (Bachmann 1978 , 407)

Die Frage „Wie wird man zum Fall?" hat mit grundsätzlichen Vorentscheidungen der Erkenntnistheorie zu tun; letztlich mit Vorentscheidungen der Philosophie gemäß dem Diktum Fichtes, welche Philosophie man wähle, das zeige, was für ein Mensch man sei. Die intellektuelle Entwicklung Ingeborg Bachmanns nahm ihren Anfang mit dem Studium der Philosophie, in dem sie sich auf Heidegger und vor allem auf Wittgenstein spezialisierte. In ihrem berühmten Radioessay über Wittgenstein heißt es:

Was ist nun dieses Unsagbare? Zuerst begegnet es uns als Unmöglichkeit, die logische Form selbst darzustellen. Diese *zeigt sich*. Sie spiegelt sich im Satz. Der Satz weist sie auf. Was *sich zeigt*, kann nicht gesagt werden; es ist das Mystische. Hier

---

[4] Anm.: Dieser Satz enthält eine innere „Brechung": Gerade Patienten haben Anspruch auf Schutz; haben Anspruch auf die Möglichkeit, einen Vertrauensvorschuss geben zu können.

erfährt die Logik ihre Grenze, und da sie die Welt erfüllt, da die Welt in die Struktur der logischen Form eintritt, ist ihre Grenze die Grenze unserer Welt. So verstehen wir den Satz: ‚*Die Grenzen meiner Sprache* bedeuten die Grenzen meiner Welt' (5.6.). (Bachmann 1983)

„Es ist das Mystische". Worum geht es hier? Das was in uns Menschen mystisch ist, was auf rationale Begriffe nicht gebracht werden kann: Welchen Status kann es haben: im Leben? in der Kultur? in der Wissenschaft? in der Kunst? Ich verweise auf einen Satz aus „Fall Franza": „Man kann nur die wirklich bestehlen, die magisch leben, und für mich hat alles Bedeutung." (Bachmann 1978, 413) Magisch leben also bedeutet echten Besitz, bedeutet in „Bedeutungen" leben; wer rein rational lebt, dem ist nichts zu Eigen. Insofern ist wirkliches Leben mit Magie verbunden. Nun hat dies ungeheure Konsequenzen für die Frage nach dem „richtigen Leben", für Vorentscheidungen in Wissenschaft und Kunst. Von was soll die Philosophie ausgehen? Dies war die zentrale Frage des deutschen Idealismus; die Antwort wurde von den sog. „Systembauern" gegeben, von Fichte, Schelling, Hegel. Schellings berühmter Satz in dieser Hinsicht lautet: „Vom Unbedingten muß die Metaphysik ausgehen." D.h. letztlich vom Absoluten, vom Numenon, vom Intelligiblen. Das Ringen um die Basis der Metaphysik bestimmt die gesamte Philosophie der Neuzeit seit Descartes, d.h. seit der Fundierung der Erkenntnistheorie durch das „cogito-sum". Bei Kant heißt das „transzendentale Deduktion der reinen Verstandesbegriffe" in der „Kritik der reinen Vernunft". D.h. von einer bestimmten Form des cogito-sum im Sinne der apriorischen Bedingungen der Möglichkeit von Erfahrung ist auszugehen. Der deutsche Idealismus entdeckt – als eine

Philosophie der Romantik – das andere der Philosophie, das, was aus der Philosophie her nicht konzeptualisierbar ist, wir könnten sagen, nicht zum „Fall" gemacht werden kann. Der romantische Idealismus entdeckt einen „Rest" im „Leben", der „widerständig" (Fichte) bleibt; bei Hegel ist es in der „Wissenschaft der Logik" der Teil des Begriffs, der zu kurz greift, um das Begriffene zu erfassen; insofern geht Sprache nicht darin auf, pure Begriffssprache zu sein. Es geht um die Sprach-Grenzen, die Verstehens-Grenzen, die „Grenzen meiner Welt". Und damit sind wir 100 Jahre weiter bei Wittgensteins Sprachphilosophie angelangt, die Ingeborg Bachmann mit 20 Jahren für sich entdeckt, wie Sigrid Weigel dies in ihrem Buch über Ingeborg Bachmann beschreibt:

»Es war kein Professor, niemand hat mich dazu gebracht, sondern ich habe selbst herumgesucht, ich habe dieses Buch gefunden, das heißt, ich habe es nicht entdeckt, in England hat man ja Wittgenstein schon längst gekannt, aber für uns war er ganz neu.« (GuI 135)

Auch wenn man der Faktizität dieser Szene skeptisch gegenüberstehen muss, wenn man also davon ausgeht, dass die Szene nicht sagt, »wie es denn eigentlich gewesen ist«, dann beschreibt sie doch adäquat die Erinnerung der Autorin, Wittgensteins Buch für sich selbst gefunden zu haben, und zwar an einem Ort, der als Unterkellerung der Stadt Wien, d.h. als Unterseite und Verborgenes der kenntlichen Stadttopographie, bezeichnet wird. In diesem Bild schließt Wien auch den ‚Wiener Kreis' ein.

Diesen Fund, ihre eigene, damals noch einsame Lektüre Wittgensteins, hat Bachmann in dem Radioessay des folgenden Jahres noch einen Schritt weiter getrieben. Darin hat sich die

Beziehung zwischen Sagbarem und Unsagbarem nun vollständig verkehrt. Also ist es nicht mehr das Denk- und Sagbare, das auf das Unsagbare hindeutet, sondern umgekehrt wird das Unsagbare als Voraussetzung und Möglichkeitsbedingung des Sagbaren beschrieben: »Daß die Welt sprechbar – also abbildbar wird –, daß Sagbares möglich ist, ist erst durch das Unsagbare, das Mystische, die Grenze oder wie immer wir es nennen wollen, möglich« (4/116). Für ihre eigene, literarische Schreibweise sollte diese Figuration richtungsweisend werden. Was in der Einleitung zu »Der Fall Franza« programmatisch formuliert ist – »Denn die Tatsachen, die die Welt ausmachen – sie brauchen das Nichttatsächliche, um von ihm aus erkannt zu werden« (3/346) –, geht bei »Malina« in die Konzeption und Komposition des Romans ein: die vernünftige Erzählstimme Malinas und seine klare Geschichte gehen hier aus dem Schweigen der Ich-Person hervor, deren Stimme u.a. durch deutliche Präferenzen für das Mystische charakterisiert ist.

Der Begriff des Mystischen im »Tractatus« ist es, um den der Radioessay aus dem Jahre 1954 vor allem kreist: »Nicht wie die Welt ist, ist das Mystische, sondern daß sie ist« (»Tractatus«, 6.44).

(Weigel 1999, 95 f; darin eingeschlossene Zitate von Bachmann u. Wittgenstein zit. n. ebd.)

Sigrid Weigel hat in ihrem Buch beeindruckend deutlich gemacht, dass die Wendepunkte in Ingeborg Bachmanns literarischem Schaffen philosophisch motiviert waren. Man kann diesen Befund dahingehend interpretieren, dass die „metaphysische Vorentscheidung", von der ich oben gesprochen habe, bei Bachmann beinhaltet, dass es das Unsagbare ist, von dem ihre Philosophie ausgeht, und dass dieses sich im

künstlerischen Schaffensprozess durchsetzt und quasi „Bahn bricht". Von dieser Warte aus lässt sich sagen: Vom „Nichttatsächlichen" muss die Philosophie ausgehen, um das Tatsächliche verständlich zu machen. Was ist diese Nicht-Tatsächliche in uns?
Hierzu hat sich Ingeborg Bachmann in ihren nachgelassenen Gedichten kompromisslos geäußert.

Ich hab die Wahrheit
gesehen, von einer
Riesenklapper
schlange umhalst
und verschlungen von
einer Riesenschlange
die in ihrem Bauch
sie aufbläht und
langsam vergehen
verenden läßt, sie
verzehrt.

. . .

Ich habe keine Worte mehr
nur Kröten, die springen
heraus und schrecken, nur
Habichte die stürzen
hinaus, nur reißende
Hunde wilde, wie´s keine
mehr gibt, Bluthunde
die fallen euch an
die johlen und

meine Mundgeburten
in lieblicher Bläue
und bei Frost der
abgemähten Liebesfelder
Liebe, die große Merde
alors, das <u>düngt</u> einen
Wahnsinn, in dem
meinetwegen alles,
meinetwegen alles,
zugrundegehen soll.
(Bachmann, 2000, S. 65)

3.0 Einheit von Bewusstsein und Trauma

Einheit von Bewusstsein ist eine seelische Errungenschaft des Menschen, die sehr komplex reguliert wird, gleichzeitig allerdings vulnerabel, fragil, störungsanfällig ist, und es stellt sich die Frage, welche Arten von Störungen der Einheit des Bewusstseins möglich sind und in welcher Weise Traumatisierungen hier eine wesentliche Rolle spielen. Grundsätzlich lässt sich sagen, dass Traumatisierungen je nach den verschiedenen Altersstufen, in denen sie auftreten, wenn man so will „Reifegraden des psychischen Lebens" unterschiedliche Wirkungen entfalten, wobei die individuelle psychische Entwicklungsgeschichte und die Art der Traumatisierung eine zentrale Rolle spielen. Grundsätzlich lässt sich sagen, dass Traumatisierungen schwere wahnhafte Störungen auslösen können – jenseits von Psychosen – dies im Sinne der sog. „überwertigen Ideen", der sog. paranoischen Entwicklungen im Sinne von Störungen der internen Wertebilanz und der damit verbundenen Wertewelten. Traumatisierungen führen zu schweren Angstzuständen, zu depressiven Reaktionen und depressiven Episoden, depressiven Dauerzuständen und insbesondere auch Mischzuständen zwischen Angst und Depression, ferner kommt es unter Traumatisierungen im frühkindlichen Entwicklungsstadium zu Borderline-Persönlichkeitsstörungen mit Ich-strukturellen Defiziten im Sinne von Rohde-Dachser und schweren Störungen der emotionalen Stabilität und Störungen der Impulskontrolle. Charakteristisch für schwere Traumatisierungen im Adoleszenten- und Erwachsenenalter sind die posttraumatischen Belastungsstörungen mit emotionaler Instabilität und dem Auftreten von Pseudohalluzinationen im Sinne von szenischen Erinnerungen („Flashbacks"). Darüber hinaus kommt es zu schweren Störungen der Ich-Identität im Sinne von dissoziativen Störungen bis hin zur multipeln Persönlichkeitsstörung. Charakteristisch für traumatisierte Menschen ist darüber hinaus die chronische Suizidalität, die sich insbesondere auch bei den Überlebenden des Holocaust gezeigt hat, im Sinne sog. „Spätschäden" mit den Suiziden von beispielsweise Paul Celan und Peter Szondi. Hierbei lässt sich im Hinblick auf die Frage nach Trauma und Psyche eine Kernaussage treffen; und zwar in dem Sinne: Traumatisierung wirkt immer auf das affektive Geschehen ein und wirkt immer desintegrativ. Dies bedeutet, dass die vom Menschen im Laufe seiner Entwicklung mühsam und in aller Bedrohtheit aufgebaute Einheitlichkeit des Ichbewusstseins durch integrationshemmende, kohärenzschädigende Prozesse labilisiert bzw. aufgelöst werden kann. In diesem Sinne sind Traumata immer auch desillusionierend, denn die Einheit der Person, die ja als wirklichkeitsschaffende Fiktion in uns als eine spezifische Illusion auftritt (dies im Sinne von Watzlawick), wird durch Traumatisierungen gefährdet, fragmentiert oder sogar zerstört. Dabei ist die Traumatisierung auch gedächtnisfragmentierend und damit wird auch die Einheit der „narrativen Identität" im Sinne von Ricoeur gefährdet oder aufgelöst. In diesem Sinne führen Traumatisierungen zu einem Geborgenheitsverlust und sind in diesem Sinne im Verständnis Heideggers „entbergend", desillusionierend, desintegrativ. Insbesondere bei jüngeren Menschen führt dies zu einer Störung des Selbst im Sinne einer Erzeugung Ich-struktureller Defizite nach Rohde-Dachser.

4.0 Trauma und Erinnerung

Menschen haben Selbst-Identität, narrative Identität i.S. von Ricoeur, weil sie sich erinnern, und weil sie in der Erinnerung eine Selbstkonstruktion leisten können, die das Paradigma der Kontinuität der Person erfüllt: Ich bin heute der, der damals dieses und jenes erlebt und getan hat. Diese zeitphilosophische Komponente der Identitätsbildung greift in dreierlei Weise auf das Vergangenheits-bezogene Selbstverhältnis durch. Einmal im Sinne eines bilanzierenden Verstehens: das Subjekt stellt sich nur auf den Standpunkt purer Gegenwärtigkeit im Sinne des Abrufens von Resultaten. Die zweite zeitphilosophische Komponente stellt eine Sichtweise dar, in der Subjektivität nicht im Zeit-Moment sondern substantiell als Prozess gesehen wird. Subjekte sind wesentlich in der Zeit stehend: sie sind was sie sind nicht als Resultate von Entwicklungen sondern selbst als Entwicklungen, als Wege. Selbstsein heißt auf dem Weg sein und das Vergangene integrierend in sich hineinnehmen. Was aber, wenn auf diesem Wege fundamentale Abstriche, Abknickungen,

Verletzungen, Verstörungen und Zerstörungen entstanden sind, die aus dem Weg einen Weg der Verzweiflung gemacht haben, ein Torso eines Weges, eine Ruine? Dann ist dieser Weg, der Trauma-Weg des Verzweifelten, ein Weg am Abgrund gewesen und muss in diesem Sinne in seiner Kontinuität hereingenommen und anerkannt werden.

" TRAUMA "

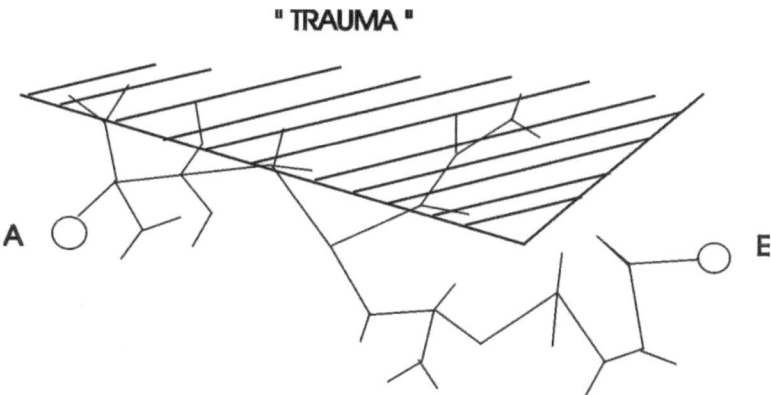

Abb. 12: Schema eines Lebensweges, auf dem durch das Trauma ganze Domänen von Options-, Lebens- und Wahlmöglichkeiten als mögliche Systemzustände eliminiert worden sind.

Dies führt zu einer Schwäche-Situation, einem Ausgeliefertsein, einer Verletzlichkeit des Subjekts, aus der es kein Entrinnen gibt und an der die Glück-gepriesene Paradoxie-Toleranz der Philosophen scheitert und in der das Subjekt nur in der Dissoziation, in der Spaltung, in der Trance, im Stupor, im Nervenzusammenbruch, im Ausnahme-Zustand, im Derealisations- und Depersonalisations-Bewusstsein weiter existieren kann. Hier werden Kräfte wach, von deren Existenz der Betroffene vorher nie etwas auch nur geahnt hat. Die

169

Wirklichkeitsveränderung ist so radikal, dass die Sprache hierfür versagt, dass die Bilder dafür nicht ausreichen bzw. in „Container" weggesperrt und verschoben, abgedrängt und entsorgt werden müssen, so sehr, dass nur einige wenige Patienten, nur einige wenige Dichter und Maler dafür einen künstlerischen Ausdruck fanden und finden wie etwa Sarah Kane in „4.48 Psychosis" und R.M. Rilke in dem Roman „Die Aufzeichnungen des Malte Laurids Brigge".

Bei Sarah Kane handelt es sich um eine begabte ganz junge Londoner Dramatikerin, die 5 Theaterstücke schrieb. Das letzte, 4.48 Psychose, schrieb sie ca. 4 Monate vor ihrem Suizid.

SARAH KANE (4.48 Psychose)

„Erinnere dich an das Licht und glaube an das Licht
Ein Moment von Klarheit vor der ewigen Nacht
Ich darf nicht vergessen
- - - -
ich bin traurig
Ich habe das Gefühl, die Zukunft ist hoffnungslos, und es wird nie besser
Ich langweile mich und bin unzufrieden mit allem
Ich bin ein absoluter Versager als Mensch
Ich bin schuldig, ich werde bestraft
Ich möchte mich umbringen
Ich konnte mal weinen, jetzt bin ich jenseits der Tränen
Ich habe das Interesse verloren an anderen Menschen
Ich kann keine Entscheidungen treffen
Ich kann nicht essen
Ich kann nicht schlafen
Ich kann nicht denken

Ich komme nicht hinweg über meine Einsamkeit, meine Angst, meinen Ekel

Ich bin fett

Ich kann nicht schreiben

Ich kann nicht lieben

Mein Bruder stirbt, mein Geliebter stirbt, ich töte sie beide

Ich rase auf meinen Tod zu

Ich habe panische Angst vor den Medikamenten

Ich kann mit niemandem schlafen

Ich kann nicht ficken

Ich kann nicht allein sein

Ich kann nicht mit andern zusammen sein

Meine Hüften sind zu breit

Ich mag meine Genitalien nicht

Um 4 Uhr 48

wenn die Verzweiflung mich überkommt

werd ich mich aufhängen

im Ohr die Atemzüge meines Geliebten

Ich will nicht sterben

Sterblichkeit, dieser Fakt deprimiert mich so sehr, dass ich beschlossen hab: Zeit zum Selbstmord

Ich will nicht leben

Ich bin eifersüchtig auf meinen Geliebten, der schläft, ich sehne mich nach seiner ferngesteuerten Bewusstlosigkeit

Wenn er aufwacht, wird er mich beneiden um meine schlaflose Nacht voller Gedanken und Reden ungetrübt von Medikamenten

Ich habe mich dem Tod überlassen in diesem Jahr

Manche werden sagen: die übertreibt

(Glückliche, die nicht wissen, was daran wahr ist)

Manche werden den Schmerz kennen als simplen Fakt

Nun zu Rilke´s Roman:

„Die Existenz des Entsetzlichen in jedem Bestandteil der Luft. Du atmest es ein mit Durchsichtigem; in dir aber schlägt es sich nieder, wird hart, nimmt spitze, geometrische Formen an zwischen den Organen; denn alles, was sich an Qual und Grauen begeben hat auf den Richtplätzen, in den Folterstuben, den Tollhäusern, den Operationssälen, unter den Brückenbögen im Nachherbst: alles das ist von einer zähen Unvergänglichkeit, alles das besteht auf sich und hängt, eifersüchtig auf alles Seiende, an seiner schrecklichen Wirklichkeit. Die Menschen möchten vieles davon vergessen dürfen; ihr Schlaf feilt sanft über solche Furchen im Gehirn, aber Träume drängen ihn ab und ziehen die Zeichnungen nach. Und sie wachen auf und keuchen und lassen einer Kerze Schein sich auflösen in der Finsternis und trinken, wie gezuckertes Wasser, die halbhelle Beruhigung. Aber, ach, auf welcher Kante hält sich diese Sicherheit. Nur eine geringste Wendung, und schon wieder steht der Blick über Bekanntes und Freundliches hinaus, und der eben noch so tröstliche Kontur wird deutlicher als ein Rand von Grauen. Hüte dich vor dem Licht, das den Raum hohler macht; sieh dich nicht um, ob nicht vielleicht ein Schatten hinter deinem Aufsitzen aufsteht wie dein Herr. Besser vielleicht, du wärest in der Dunkelheit geblieben und dein unabgegrenztes Herz hätte versucht, all des Ununterscheidbaren schweres Herz zu sein. Nun hast du dich zusammengenommen in dich, siehst dich vor dir aufhören in deinen Händen, ziehst von Zeit zu Zeit mit einer ungenauen Bewegung dein Gesicht nach. Und in dir ist beinah kein Raum; und fast stillt es dich, daß in dieser Engheit in dir unmöglich sehr Großes sich aufhalten kann; daß auch das Unerhörte binnen werden muß und sich beschränken den Verhältnissen nach. Aber draußen, draußen ist es ohne Absehen; und wenn es da draußen steigt, so füllt es sich auch in dir, nicht in den Gefäßen, die teilweise in deiner Macht sind, oder im Phlegma deiner gleichmütigeren Organe: im Kapillaren nimmt es zu, röhrig aufwärts gesaugt in die äußersten Verästelungen deines zahlloszweigigen Daseins. Dort hebt es sich, dort übersteigt es dich, kommt höher als dein Atem, auf den du dich hinaufflüchtest wie auf deine letzte Stelle. Auch, und wohin dann, wohin dann? Dein Herz treibt sich aus dir hinaus, dein Herz ist hinter dir her, und du stehst fast schon außer dir und kannst nicht mehr zurück,. Wie ein Käfer, auf den man tritt, so quillst du aus dir hinaus, und dein bißchen obere Härte und Anpassung ist ohne Sinn."

Die Pluralität des Bewusstseins des Traumatisierten ist in dieser Situation nicht mehr die Klaviatur, auf der das virtuose sich selbststilisierende die Beliebigkeit seiner Seinszustände auskostende, erprobende und abnörgelnde postmoderne Subjekt brambadisieren und wie der Philosoph Ulrich Beck sagt „vagabundieren" und „nomadisieren" kann: vielmehr ist die Vielfärbigkeit des bereits von David Hume entdeckten Bündel-Ichs die Opferstätte, auf der die Ich-Kohärenz sich auflöst, weil einfach die Kräfte nicht mehr ausreichen, die Selbstillusion aufrecht zu erhalten, dass die Mär stimmt von dem, dass ich der bin der ich war und der ich sein werde.
Die Tatsache der Bewusstseins-Dissoziation nach Traumatisierung, durch viele Studien belegt und als Prinzip in der Psychopathologie nicht mehr anzweifelbar, wird üblicherweise damit erklärt, dass der traumatisierte Mensch deswegen, weil er den Zustand seiner Traumatisierung nicht mehr ertrage, sich aus sich selbst entferne, in einen tranceartigen Zustand der

Selbstentfremdung quasi „flüchte" und dass dieser dissoziative Zustand persistiere. Ich bin mir nicht sicher, wie gut dieser Aspekt der Dissoziations-Psychopathologie wirklich belegt ist und ob er nicht ein wohlgefälliges und wohlfeiles Postulat darstellt, das eine psychopathologische Wissenslücke sinnreich auffüllt. Die Ableitung, die ich Ihnen vorstellte läuft ja auf z.T. anderen Bahnen; von mir wird die These vertreten, dass das Selbstbewusstsein, als es selbst, quasi urwüchsig und naturwüchsig eine Paradoxie enthält, zu der eine korrespondierende regulierende und illusionserzeugende Paradoxietoleranz als korrespondierender Kontrapunkt hinzugehört und dass traumatisierte Menschen – letztlich ganz gleich, in welcher Bewusstseins-Verfasstheit – dissoziiert oder der Situation naiv online hingegeben – sie die Traumatisierung erlebt haben, nach dem Manifestwerden, nach dem (reflexiv) sich darüber Klarwerden, dass und wie die Traumatisierung stattgefunden hat, in dissoziative Zustände geraten bzw. geraten können oder sogar geraten müssen, weil sie nicht mehr die Ressourcen für regulative Kompetenzen aufweisen, die erforderlich sind, um die letztlich illusionären Wirklichkeitsfiktionen aufzubauen, die mit einem in sich geschlossenen und einheitlichen Selbstbildnis, einem kohärenten Selbst-Konzept, einhergehen.

11. Nachklänge zum Seminar „Das Unsagbare bei Ingeborg Bachmann, Hugo von Hofmannsthal, Franz Kafka und Rainer Maria Rilke"

1.0 Chandos-Brief – Der Schwierige: Problem und Lösung

Im Jahre 1902 hat Hugo von Hofmannsthal in seinem „Chandos-Brief" ein Problem aufgeworfen, das völlig unlösbar erscheint: die Frage nämlich, wie angesichts der Unfähigkeit von Wörtern und Begriffen das Wirkliche als es selbst sprachlich zu erreichen, sprachlich fundiertes geistig-seelisches Leben überhaupt möglich ist. Es erscheint dem jungen Briefschreiber, in gewissem Sinne Hugo von Hofmannsthal selbst, in einer Schreibkrise, in einer Verzweiflungssituation, so, als – fände er die geeignete Sprache, um dieses Problem zu lösen: er werde Engel niederzwingen können („..., dass ich in Worte ausbrechen möchte, von denen ich weiß, fände ich sie, so würden sie jene Cherubim, an die ich nicht glaube, niederzwingen, ..."). Mit dem Lustspiel von 1919, also ca. 17 Jahre später geschrieben, findet er diese „Sprache", es ist dies die Sprache des „Schwierigen", die allerdings eines liebenden Engels (Helene Altenwyl) bedarf, damit seine Sprache verstanden wird, die sich etwa so charakterisieren lässt: „Die Dichtung ... bereichert weder unser Wissen, noch macht sie uns tüchtig im Handeln. Und doch macht sie gerade uns erst zu Menschen, öffnet den Blick für das, was wir selbst sind oder sein können, was menschenwürdiges Leben letztlich bedeutet. Dichtungsinterpretation ist daher im höchsten Sinne Menschenformung. Sie setzt freilich voraus, dass der Interpret gleichsam zwischen den Zeilen zu lesen versteht, ja, seine eigenen begrenzten Setzungen ihr gegenüber infrage stellen kann. Denn keine einzige Aussage repräsentiert sie ganz. Erst in der Fügung aller ihrer Teile kann sie verstanden, in zulänglich deutende Rede übersetzt werden." (W. Emrich: „Hofmannsthals Lustspiel „Der Schwierige" in „Protest und Verheißung", Athaeneum Verlag, 1968).

Vom neurokognitiven Standpunkt aus lässt sich ergänzen: Wörter sind wie „Münzen", die etwas „Ausgemünztes" „bedeuten". Aber das Bedeutete geht nicht auf in dem, was wir „meinen". Es gibt eine Differenz zwischen dem intentionalen Gegenstand und dem Begriff des Wortes. Wie kann mit dieser Differenz umgegangen werden? Die Lösung liegt darin, dass wir in der Art des Sprechens, der Art der assoziativen Anwendung der Wörter den eigentlichen Gegenstand, das wirklich Gemeinte, andeuten können. Der Hörer, im Falle des Lustspiels „Der Schwierige" der interpretieren Hörer, im Lustspiel selber Helene Altenwyl, können, „zwischen den Zeilen lesend" die eigentliche Bedeutung erraten. Dies wird in der Hofmannsthalschen Lösung des Problems auf unnachahmliche Weise gezeigt. Gerade im Versagen der Sprache macht sich das Eigentliche des Sprechens geltend.

Der Traumahintergrund im Schicksal von Kari Bühl im „Schwierigen" von Hugo von Hofmannsthal

An einigen Stellen in dem Stück wird deutlich, wie schwer das Verschüttungstrauma für Kari Bühl tatsächlich gewesen ist, wie er es erlebt hat und wie er dadurch „geöffnet" wurde, wie er sich psychisch und in der Persönlichkeit verändert hat und sich sein Welt- und Menschenbild gewandelt hat.

2.0 Bemerkungen zu Rainer Maria Rilke: „Die Aufzeichnungen des Malte Laurids Brigge"

In der Spätlyrik von R.M. Rilke werden Begriffe wie „Tod, Gesicht" der Gegenstände oft personalisiert. Sie bekommen einen Status als eigenständige Wesenheiten (Theorie des „Weltinnenraums"; „Jedes Ding hat seine Würde"). Es geht um eine Form von „Entabstrahierung des Lebens" (H.M. Emrich). Was hat aber dies mit dem Problem „Sprache" zu tun? Sprache lässt sich in zweierlei Weise auffassen; einmal so, dass sie reine „Begriffssprache" ist; diese fährt gewissermaßen mit ihren Abstrakta über die Generalisierungen und Kategorialisierungen von Wirklichkeit hinweg. Sprache ergreift dann nicht das Einzelne, das Wesenhafte, das Besondere. Zum anderen aber kann Sprache bedeuten, zur Ontologie des Wirklichen vorzudringen, sich dem „Sein des Seienden" zu nähern. Diese Art von Sprache ist das, was im Malte-Roman der Autor als das bezeichnet, was er „lernen" will („Ich lerne sehen. Ich weiß nicht, woran es liegt, es geht alles tiefer in mich ein und bleibt nicht an der Stelle stehen, wo es sonst immer zu Ende war. Ich habe ein Inneres, von dem ich nicht wußte. Alles geht jetzt dorthin. Ich weiß nicht, was dort geschieht. Ich habe heute einen Brief geschrieben, dabei ist es mir aufgefallen, daß ich erst drei Wochen hier bin. Drei Wochen anderswo, auf dem Lande zum Beispiel, das konnte sein wie ein Tag, hier sind es Jahre. Ich will auch keinen Brief mehr schreiben. Wozu soll ich jemandem sagen, daß ich mich verändere? ... Habe ich es schon gesagt? Ich lerne sehen – ja, ich fange an. Es geht noch schlecht, aber ich will meine Zeit ausnutzen.") Es geht um die Eröffnung einer neuen Welt, Verse auf der Grundlage von Weltwissen, von Daseinswissen („Ach, aber mit Versen ist so wenig getan, wenn man sie früh schreibt. Man sollte warten damit und Sinn und Süßigkeit sammeln, ein ganzes Leben lang und ein langes womöglich, und dann, ganz zum Schluß, vielleicht könnte man dann zehn Zeilen schreiben, die gut sind. Denn Verse sich nicht, wie die Leute meinen, Gefühle (die hat man früh genug), - es sind Erfahrungen. Um eines Verses willen muss man viele Städte sehen, Menschen und Dinge, man muß die Tiere kennen, man muß fühlen, wie die Vögel fliegen, und die Gebärde wissen, mit welcher die kleinen Blumen sich auftun am Morgen.")

Bei diesen großen Themen der Sprachphilosophie geht es um die Rettung des Einzelnen, des Besonderen, des Einzigartigen, des Wesenhaften; es geht um die Möglichkeit, Singularitäten zu erschließen, diese quasi zu „entdecken".

Damit entsteht ein singulärer Standpunkt der Wirklichkeitsentdeckung, einer Epiphanie, die R.M. Rilke folgendermaßen beschreibt.

„Es ist lächerlich. Ich sitze hier in meiner kleinen Stube, ich, Brigge, der achtundzwanzig Jahre alt geworden ist und von dem niemand weiß. Ich sitze hier und bin nichts. Und dennoch, dieses Nichts fängt an zu denken und denkt, fünf Treppen hoch, an einem grauen Pariser Nachmittag diesen Gedanken:

Ist es möglich, denkt es, daß man noch nichts Wirkliches und Wichtiges gesehen, erkannt und gesagt hat? Ist es möglich, daß man Jahrtausende Zeit gehabt hat, zu schauen, nachzudenken und aufzuzeichnen, und daß man die Jahrtausende hat vergehen lassen wie eine Schulpause, in der man sein Butterbrot ißt und einen Apfel?

Ja, es ist möglich.

Ist es möglich, daß man trotz Erfindungen und Fortschritten, trotz Kultur, Religion und Weltweisheit an der Oberfläche des Lebens geblieben ist? Ist es möglich, daß man sogar diese

Oberfläche, die doch immerhin etwas gewesen wäre, mit einem unglaublich langweiligen Stoff überzogen hat, so daß sie aussieht wie ein Salonmöbel in den Sommerferien?

Ja, es ist möglich.

Ist es möglich, daß die ganze Weltgeschichte mißverstanden worden ist? Ist es möglich, daß die Vergangenheit falsch ist, weil man immer von ihren Massen gesprochen hat, gerade, als ob man von einem Zusammenlauf vieler Menschen erzählt, statt von dem Einen zu sagen, um den sie herumstanden, weil er fremd war und starb?

Ja, es ist möglich.

Ist es möglich, daß man glaubte, nachholen zu müssen, was sich ereignet hat, ehe man geboren war? Ist es möglich, daß man jeden einzelnen erinnern müßte, er sei ja aus allen Früheren entstanden, wüßte es also und sollte sich nichts einreden lassen von den anderen, die anderes wüßten?

Ja, es ist möglich.

Ist es möglich, daß alle diese Menschen eine Vergangenheit, die nie gewesen ist, ganz genau kennen? Ist es möglich, daß alle Wirklichkeiten nichts sind für sie; daß ihr Leben abläuft, mit nichts verknüpft, wie eine Uhr in einem leeren Zimmer - ?

Ja, es ist möglich.

Ist es möglich, daß man von den Mädchen nichts weiß, die doch leben? Ist es möglich, daß man >die Frauen< sagt, >die Kinder<, >die Knaben< und nicht ahnt (bei aller Bildung nicht ahnt), daß diese Worte längst keine Mehrzahl mehr haben sondern nur unzählige Einzahlen?

Ja, es ist möglich.

Ist es möglich, daß es Leute giebt, welche >Gott< sagen und meinen, das wäre etwas Gemeinsames? – Und sieh nur zwei Schuldkinder: Es kauft sich der eine ein Messer, und sein

179

Nachbar kauft sich ein ganz gleiches am selben Tag. Und sie zeigen einander nach einer Woche die beiden Messer, und es ergiebt sich, daß sie sich nur noch ganz entfernt ähnlich sehen, – so verschieden haben sie sich in verschiedenen Händen entwickelt. (Ja, sagt des einen Mutter dazu: wenn ihr auch gleich immer alles abnutzen müsst. –) Ach so: Ist es möglich, zu glauben, man könne einen Gott haben, ohne ihn zu gebrauchen? Ja, es ist möglich.

Wenn aber dieses alles möglich ist, auch nur einen Schein von Möglichkeit hat, – dann muss ja, um alles in der Welt, etwas geschehen. Der Nächstbeste, der, welcher diesen beunruhigenden Gedanken gehabt hat, muß anfangen, etwas von dem Versäumten zu tun; wenn es auch nur irgend einer ist, durchaus nicht der Geeignetste: es ist eben kein anderer da. Dieser junge, belanglose Ausländer, Brigge, wird sich fünf Treppen hoch hinsetzen müssen und schreiben, Tag und Nacht. Ja er wird schrieben müssen, das wird das Ende sein."

12. Synthesis –Atmosphäre – Schönheit

Leibniz Universität Hannover, 16.4.2014

1.0 Einleitung

Begegnungen zwischen Kunstphilosophie und Wissenschaft sind etwas für meine akademische Entwicklung immer wieder Prägendes gewesen, ja ich möchte sagen, darüber hinausgehend, etwas „Haltgebendes": diese Begegnungen sind mit Sinnstiftung und – bis heute – Hoffnung verbunden. Dabei frage ich mich: warum ist für jemanden wie mich, der als reiner Grundlagen-Naturwissenschaftler begonnen hat – im Studium von Chemie, Biologie und Medizin mit einer Habilitation in molekularer Neurobiologie – es nach einiger Zeit unmöglich erschienen, mich auf rein naturwissenschaftlich orientierte Grundlagenforschung zu beschränken? Ich glaube, das hat nicht nur damit zu tun gehabt, dass ich mich – natürlich auch letztlich dann als Arzt – immer nach dem „Menschlichen" gesehnt habe, sondern es hat auch damit zu tun gehabt, dass ich unter gewissen Vereinseitigungen und Reduktionismen in den Naturwissenschaften gelitten habe.

Erst in der Vorbereitung dieses Vortrages fiel mir auf, dass in diesem Zusammenhang ein Aspekt von großer Bedeutung ist, auf den Emmanuel Levinas in seinem Buch „Totalität und Unendlichkeit" hingewiesen hat, nämlich die Tatsache, dass die Naturwissenschaften – notwendigerweise – in der Art ihrer Reduktionsnotwendigkeiten etwas tun, was Levinas die „Totalisierung" nennt; nämlich die geradezu „hegemoniale" Beanspruchung des Kategorialen, das sich der Phänomene des

Lebens Bemächtigens, und damit – wie Levinas ausführt – den Forschungsgegenständen „den Krieg zu erklären". Das Gegenbild bei Levinas ist die Wahrnehmung der „Milde, die über den Dingen liegt". Diese Milde aber wird letztlich nur durch entweder das Leben selbst oder, wie ich es gerne formuliere, das „Paralleluniversum der Kunst" manifestiert. In meinen Bemühungen um die Begegnungen zwischen Philosophie, Kunst und Wissenschaft habe ich immer wieder – wohl aus den Gründen, die ich soeben dargestellt habe – versucht zu erreichen, dass philosophische, wissenschaftliche und künstlerische Vollzüge in unserem akademischen Leben gewissermaßen „auf Augenhöhe" gleichrangig einander begegnen und dass die hegemonialen Ansprüche von Wissenschaft damit, im Sinne einer „Anerkennungsphilosophie", in der Weise zurücktreten, wie Levinas dies für die Interpersonalbeziehung von Menschen konzeptualisiert, wo er das „Objekt" der Begegnung, anstatt es zu erniedrigen, erhöht mit der Formulierung: „Der Andere ist der Hohe". Naturwissenschaften, als eine Art selbsternannte welt- und wirklichkeitserklärende Ersatzreligion im postmetaphysischen Zeitalter, maßt sich in unserer Gegenwart eine sich monopolisierende und alles durchdringende Geltung an, deren überbordendes Ausmaß beispielsweise dadurch deutlich wird, dass die Deutsche Forschungsgemeinschaft derzeit versucht, künstlerische Prozesse dadurch operationalisierbar zu machen, dass Kunst evaluiert wird nicht unter dem Gesichtspunkt von Forschung **über die Kunst,** sondern Forschung **in der Kunst.** Das von mir vertretene Gegenbild hierzu ist die absolute Gleichrangigkeit von künstlerischer Poiesis einerseits, fairer wissenschaftlicher Reduktivität in der Naturforschung andererseits und einem dazwischen liegenden – vielleicht sogar dialektisch vermittelndem — Bereich in dem, was ich als die „Reflexionskunst Philosophie" bezeichne.

Nun zu den drei Themen meines Vortrages.

In der Einleitung von Eva Koethen hat mir besonders gefallen der „Abstieg ins „Moi profund", ins Tiefen-Ich" im Sinne von Marcel Proust. Man könnte hier fragen: in welcher Weise wird diese Tiefenstruktur unserer selbst sowohl in den Naturwissenschaften (z.B. in der Neuropsychologie und Tiefenpsychologie), in der Kunst (man denke an Dostojewskij, Marcel Proust, Franz Kafka) und in der Philosophie (man denke an Descartes´ Meditationen aus dem Traum heraus) relevant? In allen diesen Fällen geht es um eine Art Vereinigung von Unvereinbarem: das, was in „Moi profund" ist, ist im präsenten Wachbewusstsein des „Hier und Jetzt" nicht vorhanden, gleichwohl aber wirksam und führt zu einer Art „Synthesis", zur Vereinigung von Diversität, zur Entstehung von etwas Neuem. Insofern möchte ich hier gerne mit einer Skizze zur Frage nach der „Synthesis" beginnen, dies dargestellt anhand des Phänomens der „Synaisthesis" und letztlich dann der „Synästhesie".

Nun ist ja das Phänomen der Synaisthesis sehr stark auch gerade ein Proustsches Thema und zwar aus folgendem Grund. In der „Recherche", in der „Suche nach der verlorenen Zeit", geht es ja fundamental um die Erinnerung auch und gerade um das Phänomen der „Er-innerung" im Hegelschen Sinne, so wie Michael Theunissen dies in einem Vortrag vor der Akademie der Künste, Berlin, vor etwa 10 Jahren dargestellt hat. Und diese Er-innerung, dieses nach innen Nehmen vorgängiger Erfahrungen sowohl der bewussten Erinnerungen als auch der latenten Gedächtnisinhalte, die erst assoziativ, wie im Madeleine-Erlebnis, aufgerufen werden können, bedeuten ja dass

„Synaisthesis", das synthetische Verbinden verschiedener Wahrnehmungsgehalte immer auf Vorerfahrungen zurückgeht.

Neurobiologisch hat das damit zu tun, dass unsere Gehirne, wenn wir auf die Welt kommen, nicht fest programmiert sind, sondern sie werden – im Sinne der „Autopoiesis" (Umberto Maturana) – durch Vorgänge der Selbstprogrammierung im Laufe der eigenen Wirklichkeitserfahrungen „geprägt" und – durch „Neuroplastizität" – in ihrer funktionellen Architektur gestaltet.

Über das Madeleine-Erlebnis möchte ich im Moment nicht sprechen; sehr wohl aber über die geradezu brillante Darstellung von Atmosphären in Prousts gigantischem „Recherche"-Werk, beispielsweise in der Darstellung (nach dem Text über die Madeleine-„Erweckung") der Anmutungserlebnisse durch den Ort Combray. Hier heißt es: „Von weitem, aus einer Entfernung von 10 Meilen in der Runde, zum Beispiel von der Eisenbahn aus gesehen, wenn wir in der letzten Woche vor Ostern *ankamen*, war Combray nur eine Kirche, die die Stadt in ihrer Gesamtheit in sich verkörperte von ihr und für sie der Ferne Kunde gab und, wie man beim Näherkommen bemerkte, mit ihrem hohen, düsteren Kragenmantel wie eine gute Hirtin ihre Schafe die grauwolligen Rücken der zusammengedrückten Häuser gegen den Wind zu beschirmen versuchte, die hier und da noch ein Stück der alten Stadtmauer - in der vollkommenen Kreisform kleiner Städte auf den Bildern der Primitiven - umgrenzte. Zum Bewohnen war Combray ein eher trübseliger Ort, denn seine Straßen mit den Stufen vor den Haustüren und den langschattenden Giebeln, aus dem schwärzlichen Gestein der Gegend waren so dunkel, daß bereits am Nachmittag in den nach ihnen zu gelegenen Räumen die Stores aufgezogen werden mußten; sie trugen ernste Heiligennamen (von denen manch einer mit der Geschichte der ersten Herren von Combray zusammenhing): Rue Saint-Hilaire, Rue Saint-Jaques, in der sich das Haus meiner Tante befand….“ Die Atmosphäre, die hier exzellent beschrieben wird, ist mit Sicherheit etwas für den Autor intuitiv real Gegebenes, zusammengesetzt aus Erinnerungen, inneren Erfahrungen, Phantasien und Anmutungserlebnissen sowie äußeren Sinneseindrücken, quasi „synthetisch“ als komplexe Synaisthesis zusammengesetzt. Das Phänomen, das sich in dieser komplexen Synaisthesis-Darstellung als atmosphärische Wirklichkeit repräsentiert, wird von mir, ich möchte sagen „wahrnehmungs-philosophisch“ beschrieben als ein Resultat komplexer „Suchbewegungen des Geistes“, die ich im Folgenden in Verbindung mit den Ergebnissen der Synästhesieforschung darstellen möchte.

Was verstehe ich unter diesen „Suchbewegungen“?

2.0 Atmosphären und Suchbewegungen des Geistes: Synästhesie und Synthesis

Warum sind Atmosphären so wichtig für uns Menschen? Atmosphären als „Atem-Sphären“ bedeuten den Austausch zwischen dem Innen, unserer Innerlichkeit, und dem Außen, das heißt es geht um das Selbst-, Welt- und Wirklichkeitsverhältnis. Jenseits der individuellen Erfahrung ist die solchermaßen verstandene Atmosphäre ein wesentliches Konstituens für Literatur und Kunst. Man könnte sogar sagen, dass sie dort ihre zentrale Manifestation erfährt – sei es als explizites Thema, als gestalterisches Resultat oder als Grundlage für die künstlerische Tätigkeit.

So spricht Franz Kafka von der „nicht atembaren Luft" in den Gerichtskanzleien, und Peter Szondi entdeckt in Rilkes *Duineser Elegien* das sich Verströmen des Menschen und die Fähigkeit der Engel, sich aus sich selbst heraus wieder aufzuladen. Rainer Maria Rilke wiederum wendet sich in einer schweren seelischen Krise der Atmosphäre in den Engels-Gemälden El Grecos zu, um sich zu retten, und findet so die Inspiration für die *Duineser Elegien*, indem er vor diesen Bildern wochenlang bei dem Maler Ignatio Zuolaga meditiert.

Umgekehrt lässt sich der Pionier des Gesamtkunstwerkes, Philipp Otto Runge, von Herders und Klopstocks lyrischen Werken anregen, um atmosphärisch besonders stark aufgeladene Gemälde zu schaffen. So verweist in Runges Gemälden beispielsweise die tiefstehende, im Auf- oder Untergang begriffene Sonne am Horizont auf atmosphärische Grenzzustände, die eine besondere Wirkung hervorrufen können.

Abb. 13: Philipp Otto Runge: *Ruhe auf der Flucht nach Ägypten* (1805-1808)

Was passiert hier? Die Psyche macht gewissermaßen „Such-Bewegungen", wodurch ganz unterschiedliche Atmosphären aufgespürt und charakterisiert werden können. Diesen hier aufgezählten Beispielen liegt ein komplexer Empfindungs- und Erfahrensprozess zugrunde, der im Folgenden betrachtet und analysiert werden soll. Dabei liegt der Fokus auf dem Phänomen der „Synaisthesis" als Grundlage für die Erkundung und Generierung von Atmosphären. Die sich hierbei abspielenden neuropsychologischen Prozesse werden im Hinblick auf die Erfahrung atmosphärischer Gegebenheiten und deren Veränderungen beschrieben, andererseits soll aber auch der Frage nachgegangen werden, inwiefern Atmosphären einen heilenden („salutogenetischen") Einfluss haben können. Dabei wird davon ausgegangen, dass das atmosphärische Geschehen sehr stark durch kognitiv/emotionale „Suchbewegungen" des Mentalen bestimmt wird, die letztlich darauf abzielen, Situationen genauer charakterisieren und analysieren zu können, was sowohl absichernden als auch – beim intentionalen Handeln – erfolgserhöhenden Charakter hat.

Zur Frage nach der Entstehung eines einheitlichen Bewusstseins: die neurobiologischen Prozesse, die sich hierbei abspielen, sind in Detail in den vergangenen Jahren durch eingehende neuropsychologisch-neurologische Hirnforschung über das Phänomen der „Synästhesie" aufgeklärt worden. Dabei spielt die Wechselwirkung zwischen Konzeptualisierungsprozessen („top-down") und den Sinnesdaten-Verarbeitungsprozessen (bottom-up") eine entscheidende Rolle; insbesondere zeigt sich hier, dass die Dimension der Konzeptualisierung als „Spontaneität" den Hintergrund für die beschriebenen „Suchbewegungen" darstellt.

Literatur

Bachmann, I.: Werke. Hrsg.: Christine Koschel, Inge von Weidenbaum, Clemens Münster, Vierter Band: Essays, Reden, Vermischte Schriften, Anhang, Phonographie. © Piper Verlag, München, Zürich 1978

Bachmann, I.: Wir müssen wahre Sätze finden: Gespräche und Interviews. Ed. Christine Koschel und Inge von Weidenbaum. Piper, München, 1983, 82f

Bachmann, Ingeborg: Frankfurter Vorlesungen: Probleme zeitgenössischer Dichtung. Piper, München, 2000

Bachmann, Ingeborg: Der Fall Franza. In: Werke Band 3 - Todesarten. Piper Verlag, München, 1993, S. 339-482

Bachmann, I.: Die wunderliche Musik. In: Gesammelte Werke Band 4. Piper, München, 1993

Bergson, Henri: Materie und Gedächtnis: eine Abhandlung über die Beziehung zwischen Körper und Geist. Meiner, Hamburg, 1991

Cortazar, J.: Der Verfolger. SZ-Bibliothek Band 21, München, 2004

Cytowic R.E.: Farben hören, Töne schmecken - Die bizarre Welt der Sinne. Byblos-Verlag, Berlin, 1995

Descartes, R.: Meditationen. Meiner, Hamburg, 1972.

Dönt, Eugen (Hrsg. und Übers.): *Oden. Griechisch/deutsch.* Reclam, Stuttgart, 1986/2001

Emrich H.M.: Über die Verwandlung von Zeit in Gegenwart im Film – Zur philosophischen Psychologie von Realität und Traum im Kino. Cuvillier Verlag, Göttingen, 2010

Emrich, W.: „Hofmannsthals Lustspiel „Der Schwierige" in „Protest und Verheißung", Athaeneum Verlag, Frankfurt, 1968

Freud, S.: Die Traumdeutung. Deuticke, Leipzig, 1900.

Glaserfeld, E.v.: Konstruktion der Wirklichkeit. In: Einführung in den Konstruktivismus. Schriften der C.F. v. Siemens-Stiftung, Bd. 10, Oldenbourg, München, 1985

Gazzaniga, Michael: Rechtes und linkes Gehirn: Split-Brain und Bewußtsein. Spektrum der Wissenschaft, 12/1998, S.84-89

Goethe, J.W.: Faust; Der Tragödie zweiter Teil. Reclam, Stuttgart, 1986

Hegel, G.W.F.: Phänomenologie des Geistes. Suhrkamp Verlag, Frankfurt a.M., 1973.

Heine, H.: Aus dem "Buch Le Grand" / Heinrich Heine. Mit 12 Lithogr. von Wolfgang Schmitz. Ed. Tiessen, 1988.

Henrich, Dieter: Der Gang des Andenkens. Beobachtungen und Gedanken zu Hölderlins Gedicht. Klett-Cotta, Stuttgart, 1999

Henrich, Dieter: pers. Mitteilung, Oberseminar Dieter Henrich „Die transzendentale Deduktion der reinen Verstandesbegriffe bei Immanuel Kant", Universität München, 1985

Hofmannsthal, H.v.: Brief des Lord Chandos: Poetologische Schriften, Reden und erfundene Gespräche. Insel Verlag, Frankfurt a.M., 2000

Hofmannsthal, Hugo von: Der Schwierige. Reclam, Stuttgart, 2000

Hölderlin, Friedrich.: Sämtliche Werke und Briefe, Erster Band, Gedichte, Hrsg. Günter Mieth, Aufbau-Verlag, Berlin, 1995, S. 491

Hölderlin, Friedrich (1969): Andenken, in: ders.: Werke und Briefe, hrsg. v. Friedrich Beißner und Jochen Schmidt, Bd. 1, Frankfurt a.M., 194-196.

Höller, Hans: Ingeborg Bachmann. In Selbstzeugnissen und Bilddokumenten. RoRoRo Bildmonographie, Rowohlt Verlag, Reinbek 1999

Husserl, Edmund: Texte zur Phänomenologie des Inneren Zeitbewußtseins (1893–1917). Hrsg. v. Rudolf Bernet,. Meiner, Hamburg, 1985

Kafka, F.: Briefe an Milena. Fischer Taschenbuch Verlag, Frankfurt a.M., 2011

Kane, S.: Sämtliche Stücke. Rowohlt, Hamburg, 2002

Kant I. Kritik der reinen Vernunft. Suhrkamp, Frankfurt am.M., 1974.

Kertesz, Imre: Fiasko. Rowohlt Verlag, Hamburg, 2001

Kierkegaard, S.: Der Begriff Angst. Reclam, Stuttgart, 1992

Kierkegaard, S.: Die Krankheit zum Tode. Europäische Verlagsanstalt Hamburg 1991

Kleist, H.v.: Der zerbrochne Krug. Reclam, Stuttgart, 1993.

Kleist, H.v.: Die heilige Cäcilie oder die Gewalt der Musik. Online unter http://gutenberg.spiegel.de/buch/-5598/1

Lévinas, E.: Totalität und Unendlichkeit. Versuch über die Exteriorität. Alber Verlag, München 1987.

Luhmann, N.: Die Autopoiesis des Bewußtseins. Soziale Welt 36: 402-446 (1985)

Mann, T.: Frühe Erzählungen 1893-1912: Das Eisenbahnunglück. E-Book, Fischer Verlag, Frankfurt a.M.

Maturana, H.R.: Die Organisation und Verkörperung von Wirklichkeit. Vieweg, Braunschweig, 1982

Pöppel, E.: Die Grenzen des Bewußtseins. Stuttgart, DVA, 1985.

Proust, M.: Auf der Suche nach der verlorenen Zeit. Suhrkamp, Frankfurt a.M., 1993

Ries, W.: »Maskeraden des Auslands« Lektüren zu Franz Kafkas »Process«. Elfenbein Verlag, Berlin, 2011

Rilke, R.M.: Die Sonette an Orpheus. In: Die Gedichte. Insel Verlag, Frankfurt a.M., 1998, 671-717

Rilke, R.M.: Die Aufzeichnungen des Malte Laurids Brigge. Dtv, München, 1997

Ricoeur, Paul: Zeit und Erzählung. Bd. 3: Die erzählte Zeit. Fink, München, 1991.

Sartre, Jean-Paul: Der Idiot der Familie. Rowohlt, Reinbeck bei Hamburg, 1980.

Schiller, F.: Über die ästhetische Erziehung des Menschen in einer Reihe von Briefen (1793); in: Über Kunst und Wirklichkeit, Leipzig, 1959

Schopenhauer, A.: Die Welt als Wille und Vorstellung. Insel, Frankfurt, 1987.

Theunissen, M.: Negative Theologie der Zeit. Suhrkamp, Frankfurt a.M., 1992.

Theunissen, M.: Pindar - Menschenlos und Wende der Zeit, Beck, München, 2002.

Varela, Francesco: Kognitionswissenschaft - Kognitionstechnik. Suhrkamp, Frankfurt a.M., 1990

Watzlawick, P.: Die erfundene Wirklichkeit. Piper, München, 1981

Weigel, Sigrid: Ingeborg Bachmann. Hinterlassenschaften unter Wahrung des Briefgeheimnisses, dtv, München, 2003

Woolfe, Virginia: Die Wellen. Fischer, Frankfurt a.M., 1994